後殖民主義

Postcolonialism: A Very Short Introduction

U0134695

Postcolonialism: A Very Short Introduction

後殖民主義

羅伯特 · 揚〔Robert J. C. Young〕著

容新芳 譯

OXFORD
UNIVERSITY PRESS

OXFORD
UNIVERSITY PRESS

Oxford University Press is a department of the University of Oxford.
It furthers the University's objective of excellence in research, scholarship,
and education by publishing worldwide. Oxford is a registered trade mark of
Oxford University Press in the UK and in certain other countries

Published in Hong Kong by
Oxford University Press (China) Limited
39/F, One Kowloon, 1 Wang Yuen Street, Kowloon Bay, Hong Kong

This Orthodox Chinese edition © Oxford University Press (China) Limited

The moral rights of the author have been asserted

First edition published in 2016

後殖民主義
羅伯特 · 揚 (Robert J. C. Young) 著
容新芳譯

ISBN: 978-0-19-943375-9

3 5 7 9 10 8 6 4

English text originally published as *Postcolonialism: A Very Short Introduction*
by Oxford University Press © Robert J. C. Young 2003

目 錄

導言
蒙太奇式的簡述

你是否有過這樣的經歷，在大群人或大型的集會中唯有你的膚色或種族是與眾不同的？據說世界上存在兩種白人：一種人周圍的大部分人仍然是白人，另一種人是其所在某一地點的唯一一個白種人。或許只有在那時，他們才第一次發現在他們所處的社會中其他人——西方之外的人的真實情況究竟是怎樣的：他們是少數人，他們是永遠生活在邊緣的人，他們是不符合正常標準的人，他們是失去了話語權的人。

這種情況對於個人和對於民族來說都是一樣的。你是否有時會感到你的民族和國家總是莫名其妙地被排斥在主流之外？你是否曾經感覺到當你說出「我」這個詞時，「我」指的是別人，而不是你？你是否隱約覺得你並不是你說出的句子的主語？你是否曾經感到每當你發言時，你在某種意義上已經充當了別人的代言人？或者當你聽到別人講話時，你總是他們談論的對象？你是否意識到這些發言者從未考慮過你的感受如何？你來自何方？你是否意識到你生活在別人的世界中，一個為別人而存在的世界中？

我們怎樣才能找到一種談論這種現象的方式呢？這就是後殖民主義試圖要回答的首要問題。自20世紀80年代早期以來，一批關於後殖民主義的著作出版問世了，這些著作試圖轉變我們看待某些關係的主要方式，這些關係存在於西方民族和非西方民族之間以及二者所在的世界之間。這意味着甚麼呢？這意味着將世界顛倒過來觀察，意味着從照片的反面對其進行觀察，體驗事物之不同，而且要領悟其中的原因(當你生活在巴格達或貝寧而非柏林或波士頓時)。這還意味着，你要認識到，當西方人觀察非西方世界時，他們所觀測到的與其說是那裏的現實情況或非西方民族的真實感受或真實看法，倒不如說是他們自身的鏡像，是他們自己的假設。如果你不把自己認同為西方人或由於某種原因，你並不完全是個西方人——即使你生活在一個西方國家，或者你雖然從屬於西方文化，但你會被來自內外的佔統治地位的言論所排斥，那麼在這裏後殖民主義可以給你提供一種不同的觀察方法，一種以你的興趣為主的話語和政治活動。

後殖民主義主張世界上所有的民族都同樣享有良好的物質和文化權利。然而現實情況卻是，當今世界是一個不平等的世界，眾多的差異使西方和非西方民族之間產生了一條巨大的鴻溝。在19世紀，隨着歐洲帝國的擴張，這條鴻溝就已經完全形成。擴張的結果

是，世界十分之九的陸地都被歐洲或源於歐洲的勢力所控制。人類學理論不斷地把殖民地的民族描繪成低等的、幼稚的和軟弱的民族，沒有能力進行自我管理（儘管數千年以來他們在此方面已經做得很好），需要西方父親般的為維護其利益對其加以管理（現在認為他們需要的是「發展」）。這些人類學理論使得殖民和帝國統治變得合法化。這些人類學理論的基礎就是種族觀念。簡而言之，西方與非西方的關係被認為是白種人對抗非白種人的關係。白種人的文化過去被認為是（並且現在仍然被認為是）合法政府、法律、經濟、科學、語言、音樂、藝術、文學這些觀念的基礎。總之，白種人的文化就意味着文明。

在整個殖民統治期間，殖民地人民通過種種形式的積極和消極抵抗來與這種統治進行抗爭。然而直到19世紀末，這樣的抵抗才發展成為整體性的政治運動。對於世界上大多數地區的民族而言，20世紀的大多數時間裏他們經歷了長期的反殖民統治的鬥爭，並最終獲得了勝利，可這種勝利常常是以生命和資源的大量付出為代價的。在亞洲、非洲和拉丁美洲，人們與歐洲帝國主義列強中那些當權的政客和行政官員或者定居在這些地區的殖民主義者進行了鬥爭。

當國家最終獲得了主權，它就擺脫了殖民統治進入了自治和後殖民時期。獨立！然而，獨立在很多方面代表的僅僅是一個開端，僅僅是從直接統治到間接

統治的相對微小的一步，是一種從殖民統治和管轄到非完全獨立的轉變。儘管進入了非殖民地化時期，但是在20世紀，世界上主要強國的地位卻並沒有發生實質性的變化，這是顯而易見的。(前)帝國主義國家在很大程度上仍然統治着原來的殖民地國家。哪個國家膽敢挑戰以前的殖民統治者，就會處於危險之中，阿富汗、古巴、伊朗和伊拉克的例子都清楚地證明了這一點。所有這些想要在政治上反抗西方控制的政府都受到了西方國家的軍事干涉。

但是情形並不是完全消極的。從殖民統治下贏得獨立仍是一個巨大的成功。雖然得到的權力有限，但權力的平衡正在緩慢地實現。首先，隨着從正式帝國到非正式帝國的轉變，西方國家需要更多的國內勞動力，這需要通過移民來實現。因為移民，西方和其他地區之間明顯的種族界線至少不再像過去那樣絕對了。但這絕不是説美國總統是位非洲裔美籍婦女，或英國選了一位亞洲裔的伊斯蘭教徒當首相。西方的國家權力仍被謹慎地控制着。你能想到有多少位當權者——那些出現在報道世界政要日常政治活動的報紙頭版上的當權者是有色人種？然而，文化也在發生變化：由白種清教徒塑造的美國正在被拉美化，拉丁裔和非洲裔的美國人已經成為許多富有活力的西方文化的推動力量，這些文化超越了傳統的工業文化。今天，對許多歐洲青年來説，古巴文化居主導地位，在

桑舞和薩爾薩舞[*]富有節奏的舞動中，古巴文化充滿生機和活力。就廣泛的共識而言，在殖民時期，西方和非西方民族之間的鴻溝主要表現在西方文化的統治上，而這種統治今天已經被溶解到一個更為宏大的文化體系之中，這種體系對差異採取尊重和寬容的態度。這一方面的局限性將在本書後面的章節中加以探討。

現在，重要的是，後殖民主義首先涉及的是這樣一個觀點：西方之外的三個大洲(非洲、亞洲、拉丁美洲)在很大程度上處於從屬於歐洲和北美洲的地位，並在經濟上處於不平等的地位。後殖民主義涉及反對不平等的激進主義的政治和哲學，並且以一種新的方式繼續進行過去的那種反殖民鬥爭。後殖民主義不僅斷言非洲、亞洲和拉丁美洲的民族應該享有資源和物質福祉，而且斷言它們的文化——正在介入和改變西方社會的文化有巨大的活力。

後殖民文化分析涉及對理論建構的詳盡闡述，這種理論建構挑戰了先前佔主導地位的西方思維方式。可以用女權主義進行一個簡單的類比，女權主義也涉及一種類似的情況：曾經有一段時期你讀到的任何書、聽到的任何言論、看到的任何電影，都是從男性

---

[*] 起源於古巴的拉丁舞。拉丁舞具有熱情、浪漫的旋律及豐富的節奏變化，它的感染力特別強。（本書注釋均由譯者添加，以下不再一一說明。）

的視角出發的。可女性就擺在那裏沒人管，她總是一個客體，而不是一個主體。從你所讀的書或所看的電影中你會發現，女性常常是那種被觀賞的角色。她從來不是觀察者。幾個世紀以來，人們認為女性不如男性聰慧，她們不應受到男性所受到的教育。她們不能參加政治性的競選。出於同樣的原因，由女性創建的各類知識都被認為是不嚴肅的、瑣碎的、道聽途說的，或者不科學的，比如盲目的崇拜或傳統的分娩方式或康復練習。所有這些態度只是女性被統治、被剝削和身體上被男性虐待的多種方式中的一部分。從18世紀末開始，女權主義者慢慢地、逐步地開始反抗。她們反抗得越激烈，就越清楚地表明，這些態度已經滲透到了整個文化之中，包括社會關係、政治、法律、醫療、藝術、時尚乃至學術知識。

作為一種政治運動和實踐，女權主義並沒有一個單一的思想體系，沒有一個單一的創造者，不像馬克思主義或心理分析那樣，它彙集了不同領域的女性的共同努力。它的目標是要鏟除所有的不平等現象，包括從家庭暴力到法律和語言再到哲學等諸多方面。女權主義者也必須同女性間的不平等作鬥爭。在某種程度上，這種不平等就像男女之間的不平等一樣。然而與此同時，從更廣泛的意義上講，女權主義已經發展成為一種集體運動：來自社會各個層面的女性向着共同的目標而努力。這些共同目標包括：解放

女性和爭取女性權力，獲得自主選擇權，在改變多種制度的進程中獲得法律、教育、醫療、就業方面的平等權利，這樣她們將不再繼續只代表男性的利益和視角。

與女權主義類似，「後殖民理論」涉及西方之外的一些知識和需求，需要對這些知識和需求進行概念性的重新定位。它涉及一些有可能發展成為一種政治實踐的推動思想，這種政治實踐在道德上的要求是要改變當今很多地方的人仍然在過着的受人剝削的和貧困不堪的生活。一些這樣的理論工作已經因其晦澀難懂和涉及常人無法理解的複雜觀點而出名。當面對學術理論權威時，人們常會認定自己理解上的困難是由自身的缺陷所造成的。這是很不幸的，因為許多這樣的思想最初並不是由學術界提出來的，一旦理解了它們所描述的實際情況，理解就變得相對容易得多。因此，本書致力於以一種從未嘗試過的方式來介紹後殖民主義：不是從頭到尾的解釋，不是先提出抽象的術語然後舉一些例子來詳細闡述這種理論，而是致力於追尋後殖民主義(本質上提倡民主原則)廣泛的政治蹤跡，肯定普通人和他們的文化的價值。本書將詳細闡述後殖民主義，但不是按照從上到下，而是按照從下到上的順序，也就是從具體的環境開始，然後從特定的視角提煉出一些觀點。全書沒有晦澀難懂的理論，以一種從下到上的方式解釋後殖民主義，這種方式是

最恰當的，因為它有助於詳細闡述「屬下階層」的政治，即從屬階級和民眾的政治。

所謂的後殖民理論，實際上並非科學意義上的理論，而是依條理詳細闡述的一系列原則，這些原則可以預測一些現象的結果。它包括一整套相互關聯的、並置的且偶爾存在衝突或矛盾的視角。從最廣的意義上講，它涉及其他學科和活動所專注的問題，特別是關於女性地位、發展、生態、社會公正性、社會主義等方面的問題。總之，後殖民主義把自己選擇研究的問題和知識融入到了西方和非西方對於權力結構的研究之中。它致力於改變人們的思考方式和行為方式，以在不同種族之間創造出一種更加公正和公平的關係。

出於這種考慮，這裏將不再以單一的一套觀點或一種實踐來闡述後殖民主義。在某一層次上，沒有一個叫作「後殖民理論」的單一的實體存在。作為一個術語，後殖民主義描述的是各種各樣的思想和實踐，就像女權主義或社會主義包含各種思想和實踐一樣。本書沒有遵循學術著作的標準模式，沒有以一系列的章節來展開主題或論點，而是運用了蒙太奇的剪輯技巧，採用並置角度和時代的方式，創造性地探究它們之間生成的一系列關係，因為許多後殖民理論對思想和實踐的處理都是動態的。這裏所說的思想和實踐之間的關係包括和諧關係、衝突關係、不同民族及其文

化之間的生成關係。後殖民主義研究的是一個變化的世界——一個已經被鬥爭所改變的世界和一個實踐者想要進一步改變的世界。

很多人不喜歡「後殖民」這個詞，現在你可能開始意識到了這是為甚麼。它擾亂了世界的秩序。它使特權和權勢受到了威脅。它拒絕承認西方文化的優越性。它那激進的日程表在為全球的人們呼喚着平等和幸福。

你將會在後殖民主義的土地上跋涉。下面的章節將會帶你去旅行，帶你穿過它的城市和荒蕪的郊區，看到它鄉村野郊的貧困。雖然人們承認這些景象是存在的，但其中的許多景象人們是視而不見的，對當地居民的生活和日常經歷人們更是不屑一顧。本書的章節由不同的「場景」（在世界各地拍攝的快相）組成，且各張快像並排放在一起。因此本書就是一本影集，其中的照片並非那種靜止和虛幻的圖像，而是一種活生生的存在，喃喃低語講述着照片背後的故事。當你閱讀本書時，你會聽到那正注視着你的人陳述的證詞。蒙太奇刻意把不相容的膠片並置起來，這種粗糙的切換手法已被人們所遺忘。在這裏，這一系列的短片鏡頭在迅速抓拍瞬間飛逝的圖像，把當今社會出現的矛盾場景搬上了舞台。這些斷續的瞬間鏡頭見證了歷史的更迭，也見證了從權力被奪走到通過抗爭重新把權力奪取回來的歷史過程。

當我們開始講授「邊緣」這個詞時，我們會從原始素材入手，這些原始素材是當代對後殖民主義及其影響的文化政治方面的研究，某中包括那些「阿拉伯世界」的偉大著作，這些著作大多都出自馬提尼克信奉基督教的精神病醫生法農（Frantz Fanon）之筆……在大的背景中，我們也可以在自己所從事的學科中找到一些原始素材，比如薩義德（Edward W. Said）的《東方主義》……薩義德的著作並不是對邊緣的研究，甚至不是對邊緣化的研究。《東方主義》是對於目標構建的研究，其目的是為了調查和調控。薩義德等人的著作已經直接涉及了對殖民話語的研究，而且這種研究就像一個大花園，已經開滿了似錦的繁花。在這個「花園」裏處於邊緣的群體可以發言、可以被別人談論，甚至可以讓別人代表自己發言。

斯皮瓦克（Gayatri Chakravorty Spivak），
《外在於教學機器之內》（1993）

第一章
屬下階層的知識

你發覺自己是一個難民

一天早上，當你從噩夢中驚醒，你發現你所處的世界已經發生了巨變。在夜幕的籠罩下，你已經被放逐到別的地方。睜開雙眼，你首先注意到的是風吹過平坦荒蕪的土地時留下的聲音。

你和家人正朝着阿富汗與巴基斯坦邊境的一塊「活墓地」走去，走向白沙瓦——一座佈滿鮮花和間諜的城市，一座邊境城市，從喀布爾過來的旅客的第一個落腳點。這些旅客穿過雕刻着圖案的托克漢城門，沿着開伯爾山口由灰色岩石建成的彎曲小路走向遠處的平原，最後到達通往加爾各答的主幹公路。

在老城區的達沃什清真寺周圍，是開伯爾集貿市場，這裏的貨攤鱗次櫛比。這裏有一條狹窄的街道，這條街道的房屋依勢而建，高得直衝雲霄。各家經過裝飾的陽台錯落有致，懸掛在空中。這便是著名的吉沙·哈烏尼市場的一條街，這條街因說故事的人而聞名。幾個世紀以來，那些曲折、離奇的故事一直被悠閒地喝着熱氣騰騰的琥珀色希沙斯茶的人們繪聲繪色

地講述着——那些人正努力地想要超越專業的故事講述者，或是在那些在貨攤上用大茶杯喝着蜜汁茶的人之間口耳相傳。可是那裏傳來傳去的故事卻並不是為你而講述的。

你繼續西行，走過往日的殖民地兵營，走過郊區大片的臨建房屋(可是住在臨建房屋中的人已經在這裏居住很久了)，在山前的一塊平地上停住了腳步。家人中還有兩個孩子也走散了。你身邊只有一袋衣物、一個睡覺和祈禱用的墊子、一個盛水用的大塑料容器和幾個鋁制的罐子。這時路上有一些士兵走上前來阻止你繼續前行。白沙瓦附近的賈洛扎難民營已經關閉。從阿富汗到這裏來的普什圖人被指引着走向傑曼。傑曼沒有難民營，它只是一個「等待區」。在這裏，你從帳篷頂上放眼望去，大地平坦無奇，進入視野的唯有遠處喜馬拉雅山映在地平線上的黑影。

因為這裏不是官方難民營，所以你緩慢的前行不會引起任何人的注意，也不會有人為你登記註冊。此時，你的孩子又累又餓，坐在光禿禿的棕色沙地上，他們鼓鼓的肚皮上留着因感染而形成的深紅色印痕。你四處尋找水和食物，還希望找到三根木頭和一張大塑料布來搭建一個棲身之所。這個將要搭建的就是你的帳篷，就是你和家人的居所。你們將要在少糧缺水，痢疾和霍亂流行的困境中尋求生存。

幸運的話，你可能在數月內離開這裏。但是如果

不幸運的話，你或許就會像肯尼亞的索馬里難民，加沙係約旦係黎巴嫩係敘利亞係約旦河西岸的巴勒斯坦難民，或是像20世紀70年代出現在斯里蘭卡或者南非的「國內流離失所者」那樣，在這裏滯留十年甚至幾十年。這裏將可能成為你和你的子孫們唯一的家。

> 我們是多麼無常和多麼善變。我們很容易改變或被改變。我們的居所是多麼不穩定，只因為我們失去了生存的基礎，我們失去了發源地，我們失去了我們的國土，我們斷開了與過去的聯繫。這裏沒有巴勒斯坦人。誰是巴勒斯坦人？是「朱迪亞和撒馬利亞地區的居住者」？是非猶太人、恐怖份子、製造事端的人、流離失所者還是難民？是卡片上的人名還是清單上的數字？人們在講話中讚揚着巴勒斯坦人和他們的事業，但他們的存在僅僅是一個個片段而已。
>
> 薩義德《最後一片天空之後》(1986)

難民，你居無定所，無處落根。你已經被轉移了，是誰轉移了你？是誰讓你離開了自己的國土？你或是被迫，或是為了躲避戰爭或飢荒而離開。你順着逃亡的路線顛沛流離，艱難跋涉。但是一切都靜止了。你已疲憊的生命戛然而止，你的生活斷裂了，你的家庭支離破碎。你所熟悉的單調卻可愛而穩定的生活和熟悉的社會也將隨之一去不返。你在壓縮的時間

圖1 新賈洛扎難民營，白沙瓦，巴基斯坦，2001年11月：一個來自阿富汗北部的烏茲別克人家庭在這個難民營的新家。

裏，經歷了資本主義的強烈介入，經歷了平常安樂生活的終結，你已成為了那些跨越不同時代並經歷過冷漠的現代性的人們的象徵。你面對的是一個新世界，一種新文化，面對這種新文化，你不得不調整自己來適應它。你還要努力保留自己的可識別的身份。把這兩者放在一起是一種痛苦的體驗。也許有一天，你或者你的孩子會將它看作一種解放的方式，但不是現在。生活已過於脆弱，過於不確定。你甚麼都不能依靠。在世界的眼中，你只是一個客體。誰會在意你的經歷、你的想法以及你的感受？各國的政客們爭先恐後地立法，為的是阻止你進入他們的國家。他們對尋求避難者的答覆是：禁入。

圖2　新賈洛扎難民營，白沙瓦，巴基斯坦，2001年11月：一個阿富汗小男孩正在放風箏。

　　你是闖入者，你是錯位的，你是不合時宜的。「難民」一詞將你與你的國家隔離開來，你拖着疲憊的身軀，帶着自己的信仰、語言、願望、習慣及情感一腳踏進未被認同的、精神上深感陌生的世界裏。所有的一切都是關於中斷、錯位、不堪回首的刺痛和痛苦的體驗。這種體驗加劇了後殖民時期的殘酷體驗，但也使其具有了創造性。

不同種類的知識

　　在賈洛扎難民營，你不願意做的一件事情就是讀這本書，即便你識文認字，即使這本書已被翻譯成普什圖語，你也不會讀這本書。你說得多，會對許多人

講述自己日常生活中遇到的問題，有時候還會講述那些又長又難懂的、與戰爭和飢荒相關的悲慘故事，你試圖從自己的經歷中提煉出一些人生感悟。如果你碰到一些來自其他地方的人願意幫助你，你很有可能會對他們說出你的需求：藥品、食品、避難所。你不會為那些從未謀面的人的利益而袒露你的經歷。你不會將你的生活演繹成一個故事或者為別人而表述。但你仍然是這本書中不那麼沉默的主角，因為它是為你而寫的。即便你沒有讀過其中的文字，它們也是為你而寫的。

> 到目前為止，有關所謂的第三世界的知識都來源於宗主國的檔案資料，這些資料中的絕大部分一直集中在宗主國的科研機構之中，過去是這樣，今天是這樣，而且這種狀況還將持續下去……這些檔案資料通過大量的學術科目和各種各樣的著作向外擴散傳播。其中既有經典的哲學著作，又有傳教士和行政官員的通俗之作；既有區域性研究項目，甚至是人文學科的核心領域，又有由基金會和私人出版社資助的翻譯項目——以上項目構建了各種實踐的內容。
>
> 阿馬德(Aijaz Ahmad)，《在理論之中》(1992)

你能否讀這本書，顯示出了劃分世界的一種主要的方式。劃分有多種方式，比如：你是否有乾淨的水喝，

是否有足夠的食品和保健品，是否能讀書，是否受過正規的教育。每一個人都會經歷非正規的教育，實際上正規與非正規之間的界限往往是不確定的。有時你所需要的知識是你通過非正規的教育學來的，是從你的家庭和周邊環境中學來的。你通過正規的教育渠道學到的知識是他人的知識。誰是這些知識的權威呢？它們是誰的知識呢？你從不同學校學到的知識是不同的，你的思維模式也是不同的。想一想孩子們身上的不同吧：在西方有些進入私立學校的孩子每年要花費一萬五千英鎊，2001年在伯利恆附近的阿哈德學校裏的孩子卻不得不在帳篷裏學習，因為學校的校舍已經被以色列的軍事行動所摧毀。看一看圖3中那個巴勒斯坦女孩的學習經歷吧！她每天步行穿過拉法難民營來到學校，而拉法難民營也在一天前被三輛以色列坦克和兩輛推土機夷為廢墟。

自從加沙地帶的汗育尼斯難民營和約旦河西岸的賈拉左難民營首次開辦露天學校以來，近五十年來巴勒斯坦幾乎毫無變化。如果當年的那些孩子還活着的話，他們今天都已成了老人。他們住在難民營中，常是以色列軍事行動打擊的目標。不得不這樣危險生活的人會有甚麼樣的感受呢？

讀到這裏你想一想今天這些學校的處境，這將有助於你形成後殖民主義得以產生的視角。想一想阿哈德、貝德加拉、賈洛扎、賈拉左、傑寧、汗育尼斯、拉法的情況。那裏人的生活怎能與你的或我的生活相

比呢？想像一下在一個封閉又貧窮的社會中成長起來，又眼睜睜看着它在政府的指令下被推土機夷為平地是甚麼感覺。讀一讀莫迪森(Bloke Modisane)撰寫的關於索非亞鎮在1958年被實行種族隔離的南非政府摧

圖3　一位巴勒斯坦的女學生正在加沙地帶南部的拉法難民營的廢墟中走着，2001年4月15日。這是在以色列根據臨時和平協定把這一地區的控制權完全移交給巴勒斯坦後，以色列軍隊在不到一周內第二次對這裏進行打擊之後一天的情景。

毀的原因。索非亞鎮是約翰內斯堡黑人文化生活的中心。莫迪森不允許我們錯誤地認為在特權階層和可憐的窮人之間存在的差別僅僅涉及受難與剝削的問題。還有其他種類的財富和損失。還有思考世界的其他方式。人性的，而非物質性的方式。

> 隨着索非亞鎮的死亡，我體內的一些東西死掉了，我身
> 體的一部分也死掉了⋯⋯他們以清除貧民窟的名義用
> 推土機將她弄得遍體鱗傷。片刻之後，沿着古得街看
> 去，索非亞鎮就像是其中眾多的受害者之一；一個男人
> 被索非亞鎮之刀刺傷，躺在露天的排水溝裏，像一粒葡
> 萄乾撒落在散發着氣味的下水道裏，這個人由於多處被
> 刺傷而瀕臨死亡，多處傷口還在流血；在這個將要死去
> 的人的臉上顯現出震驚、迷惑、恐怖、懷疑的表情。
>
> 莫迪森，《怪罪歷史》（1963）

從第三世界到三大洲

當你看見一些孩子聚集在學校裏，光着腳站在石
頭上，你便知道你身在「第三世界」國家。這個第三世
界是後殖民的世界。「第三世界」這個詞起源於法國革
命時的第三等級。世界曾根據兩大政治體系而被劃分成
資本主義和社會主義兩大陣營，它們構成第一世界和第
二世界。剩餘的部分就構成了第三世界：那些剛剛從帝
國主義殖民統治下獲得獨立的國家和「不結盟」國家。
在1955年的萬隆會議上，二十九個剛剛成立的亞非國家
（包括埃及、加納、印度和印尼）發起了不結盟運動。它
們把自己看作一個獨立的政治集團，用一種新的「第三
世界」的視角來看待政治、經濟和文化上的全球範圍內
的優先權。這是一個非常重要的事件，它標誌着世界上
的有色人種試圖擺脫西方白人國家的枷鎖。從政治上來

圖4　早期的聯合國難民救濟和工程局修建的學校，賈拉左難民營，約旦河西岸，1951年。

講，它是世人可走的第三條道路：既不屬於西方集團也不屬於蘇聯集團。然而，第三條道路的確立或發展是很緩慢的。這個名詞逐漸與這些國家所遇到的政治和經濟問題聯繫在一起，因而也就與貧窮、飢荒、動盪聯繫在一起，形成了一道「鴻溝」。

　　在很多方面，萬隆會議標誌着後殖民主義首次成為一個具有自覺意識的政治哲學體系。十一年後，在1966年於哈瓦那召開的三大洲會議上，更富於戰鬥性的第三世界政治團體作為反對西方帝國主義持續影響的全球聯

盟出現了。這也是首次將拉丁美洲(包括加勒比海)與非洲、亞洲聯繫在一起，地處南部的這三個大洲便得名為「三大洲」。在許多方面，三大洲是一個比「後殖民」更精確的術語。三大洲會議創辦了一本雜誌(雜誌乾脆取名為《三大洲》)，該雜誌首次將後殖民理論家與實踐家的寫作聯繫在一起〔其中包括卡布拉爾(Amilar Cabral)、法農、切格瓦拉(Che Guevara)、胡志明、薩特(Jean-Paul Sartre)的文章〕，這樣的寫作表明的不是一個單一的政治和理論的立場，而是人類要求共同解放的共同努力。由於美國對古巴實行封鎖，不允許古巴的雜誌進入美國，所以許多美國的後殖民理論家沒有意識到他們還有這樣一些激進的先驅。

> 殖民主義者通常講，是他們把我們帶進了歷史。今天我們要表明的是事情並非如此，是他們使我們離開了歷史，我們的歷史，讓我們跟着他們，在他們的後面，走向他們的歷史的前進方向。
>
> 卡布拉爾，《回到源頭》(1973)

作為術語，無論「三大洲」還是「第三世界」都有各自的道理，因為它們指代的是另一種文化，另一種「認識論」或者知識體系。在過去的三百多年裏，甚至在更長的時間裏，被世人稱為知識的大部分文

章，都是由那些生活在西方國家的人寫就的，而且這種知識是由學術界即機構性的知識團體精心制作和認可的。這種知識中的很大一部分，特別是關於數學和科學的知識來自阿拉伯世界，這也就是為甚麼時至今日就連西方學者在寫數字時還用阿拉伯數字的原因。西方學校着重強調西方文明是對拉丁文化和希臘文化的傳承，但是大多數西方學者仍然絲毫沒有意識到這樣一個事實：他們每天都在讀寫阿拉伯語。想像一下這樣一個新聞標題：《在發現「基地」組織與阿拉伯的聯繫後，美國學校禁止使用代數基本原理》。

我們這些受剝削的人在世界上必須扮演甚麼樣的角色呢？……
我們這些受剝削的落後國家的任務就是摧毀那些維持帝國主義的根基。資金、原材料、廉價勞動力（無論是工人還是技術人員）都被從我們這些被壓迫的國家中奪走，同時新的資本（統治工具）、武器和各種商品都被輸入進來，使我們陷入完全的依賴。那個戰略目標的基本要素便是人類的真正解放……

切格瓦拉，《給三大洲的信息》(1967)

後殖民主義源於其本身的知識，其中的許多知識是最近在漫長的反殖民運動的過程中被闡述出來的。後殖民主義源於這樣一個假設：那些西方人，無論是

MESSAGE TO THE TRICONTINENTAL

MAJOR
ERNESTO
CHE GUEVARA

RADIO HABANA CUBA

圖5　切格瓦拉，《給三大洲的信息》，1967年4月16日。寄給亞非拉三
大洲人民團結組織，寄自「世界的某個地方」，格瓦拉從1965年春離開
古巴到1967年10月9日在玻利維亞被殺期間的一次公開演講，在《三大
洲》雜誌第一期上公開出版發行。

不是學者，都會以同樣嚴肅的態度，來看待有別於西方的其他知識和有別於西方的其他角度。後殖民主義或者「三大洲主義」，都是新興知識的總稱，這些知識來自屬下階層，即受壓迫的民眾，它們試圖改變我們生活中的術語和價值觀。如果你想學，那麼你隨處都可以學到這些知識。你開始的唯一條件就是要保證你會仰視而不是俯視這個世界。

焚書

　　非洲裔美國作家休斯(Langston Hughes)1940年在他的《大海》一書中，講述了他坐船離開紐約去非洲的故事。他爬上甲板，將他隨身攜帶的旅途閱讀的書遠遠地扔進了大海。看着一本本書旋轉着消失在大海中，他感到了自由的愉悦。他說：「當我把這些書扔進海裏時，那感覺就像把壓在心中的千百萬塊磚頭搬開一樣。」在他沿着祖先來的路回去的時候，他將他的所知所學全部拋棄了。在回非洲的路上，他把所有將非洲裔美國人置於社會低層的等級文化拋得一乾二淨。他回到了自己的大洲，與自己的人民在一起，以自己的方式做事情。他寫道：

> 我的非洲，黑人的祖國！我也是一個黑人，一個非洲的黑人！非洲，真實的存在，它不僅可以在書中讀到，而且可以摸得到、看得見。

當休斯最終到達非洲，和那裏的人民講話時，他受到了傷害。

> 非洲人看着我，不相信我是黑人。我說：「事實上我也是黑人。」
> 他們嘲笑我，搖搖頭說：「你是白人！你是白人！」

法農的經歷則與此相反。在馬提尼克，他總被人們看作是白人。當他到達法國里昂時，人們在大街上見到他時喊道：「看！他是個黑人！」法農如此評論說：

> 我抱着試圖在事物中找到意義的信念，來到這個世界上。我的精神世界充滿着找到世界本原的願望，後來我發現我只是他類客體中的一個客體。

法農的第一反應，如他自己所言，就是經歷了「被封存到被擠壓的物性之中」的痛苦。後來他意識到問題遠比此嚴重得多。人變成了客體，被人指點、被人取笑，而這還僅僅只是表面上的情況。同時存在的情況是，處於這種情況當中的人內化了這一觀點，將他們自己視為與眾不同的低人一等的「他者」。

> 我是如此厭倦學習和背誦讚美水仙花的詩歌，我和為數不多的幾個「真正的」英國孩子的關係很別扭，我發現當我稱自己為英國人時，他們會傲慢地責罵我：「你不是英國人，你是令人討厭的殖民地人。」
>
> 萊斯(Jean Rhys)，《焚書的那一天》(1968)

在《焚書的那一天》中，出生於美洲的歐洲裔白人小說家珍·萊斯講述了一個加勒比海島上的輪船代理商索亞先生的故事。他和一個有色人種的女人結了婚，但是，他經常在酒醉之後虐待她。索亞在他的房子後面建了一間小屋，那裏擺放着他特意從英國郵寄來的書。他那只有一半白人血統的兒子埃迪體弱多病，正是他首先站出來質疑敘述者———個小女孩，這個女孩認為所有來自「家鄉」的東西，也就是來自英國的東西都比島上的東西高貴。埃迪會從圖書館裏借書，父親去世後，埃迪成為了這些書的擁有者。幾天後，埃迪和敘述者來到圖書館找到母親，多年來，他的母親一直在不幸的婚姻中煎熬。母親的怨恨和憤怒爆發了出來，她將書從架子上弄到地上，分為兩堆，想一堆出售，另一堆燒掉。當母親將書架上的一本書拿下來時，埃迪求她不要將這本書燒掉，因為他正在讀這本書。最終他從母親手中把這本書奪了回來，並尖聲喊道：「現在我也開始討厭你了。」女孩也為自己搶到一本書，兩人穿過花園跑到街

道上，一起在黑暗中坐了一會兒。埃迪開始哭泣，為了表示對埃迪極度孤獨的同情，女孩問埃迪那是本甚麼書。那本書是吉卜林(Kipling)的小說《吉姆》。可女孩就沒有那麼幸運，雖然她本能地感到她的戰利品是一個很重要的東西，但是當她想看看究竟時，卻很失望，「因為那本叫作《像死亡一樣堅強》的書是用法語寫的，看起來索然無味」。

萊斯的故事讀起來不太像殖民主義的寓言故事，倒更像是關於後殖民的權力關係的寓言故事，在這個故事裏，數十年的等級剝削和侵略性的種族文化所促生的仇恨，使得索亞夫人強烈反對這樣一種優越感的文化基礎。埃迪的矛盾反應是：他既憎恨他的父親，憎恨「家」，也就是英國，但是他又想得到父親的書。這又將他帶入與母親的矛盾之中：他愛母親，但是母親恨他父親所有的書。這也把埃迪推向邊緣的位置，使他介於矛盾的、競爭的文化之中：他一方面在情感上認同一種文化，同時又在理智上對另一種文化產生了好奇。

這種矛盾的態度和多重身份被津巴布韋小說家丹格倫伯加(Tsitsi Dangarembge)定義為本地人的「不安的狀況」。他們躋身於不同文化的矛盾層面之中，當殖民文化或主導文化通過教育進入本地的初始文化中時，便會產生一種不安的狀況，其中包括矛盾、不穩定、文化界限的混亂(內部或外部的)以及與「他者」

文化的融合。在《不安的狀況》(1988)這本書中，講述者坦布澤(Tambudzai)夢想着接受良好的教育，夢想着能進入她那位已經接受了白人文化的校長親戚的房間裏。但是她發現她不知道應該坐在哪裏，她不知道應該如何閱讀房間裏的習慣性符號，她不知道應該使用那種語言——英語還是紹納語？生活在這個社會中的個體要屈從於一種痛苦，這種痛苦被法農稱為雜交裂縫中的存在，他們要試圖同時經歷兩種不同的、互不兼容的人生。如果你想成為白人，改變你的種族和階層，你就要吸納主流文化，這種不同身份之間的妥協，不同價值體系層面之間的妥協(尤其是對女性而言，對她們來說這些選擇看起來是互相矛盾的)是其中不可或缺的一部分。否則，即使你接受了白人的價值觀，你也不可能是一個十足的白人。

焚書可以看作是要求解放的表示，或是無力通過別的途徑表明自己立場的一種表現。當然，通常情況下當這種行為包含一個民族主義者對少數民族文化的攻擊時，就被認作是壓迫性的、破壞性的、法西斯的行為，它確實如此。以1981年5月僧伽羅統一國民黨燒毀賈夫納大學圖書館為例，「數以千計的泰米爾語書籍、手稿、風乾的棕櫚葉手稿、各種文件被燒毀，其中包括《賈夫納歷史》的孤本」。1992年5月，塞爾維亞民族主義武裝在薩拉熱窩的東方學院投放燃燒

彈，這裏收藏着歐洲最重要的伊斯蘭手稿，「事實上所有手稿都被大火燒毀，包括五千二百六十三冊阿拉伯語、波斯語、土耳其語、希伯來語手稿和阿拉伯語手稿中用塞爾維亞—克羅地亞波斯尼亞方言撰寫的部分，以及數以萬計的奧斯曼帝國時代的文獻」。種族清除不僅包括人的毀滅，也包括知識的毀滅和歷史的毀滅。

「布拉德福德的穆斯林」不是指那些居住在英國布拉德福德的穆斯林，而是指那些生活在西方的被認為是「宗教激進主義者」的穆斯林。1989年1月14日，一群生活在布拉德福德和奧爾德姆的穆斯林公開燒毀了拉什迪（Salman Rushdie）的《撒旦詩篇》。評論家紛紛將這一行為與1933年納粹在德國的焚書之舉相提並論。通過對比，我們發現激進的基督教群體在美國燒毀J.K.羅琳（J.K. Rowling）的《哈利波特》的行為沒有受到太多的媒體關注。

拉什迪的立場比較複雜，因為在此之前他一直是英國最著名的反種族主義的支持者之一，是移民社區政治權益和觀點的代言人。突然有一天他發現在自己所代言的少數族裔的社區內有着和自己的多元文化融合（他稱之為「宗教文化融合」）的觀點截然不同的看法，並且這些看法得到了一些少數族裔的作家〔例如科利什（Hanif Kureishi）〕以及媒體的支持。由於很多

少數族裔的人們在日常生活中都受到了壓迫，所以在受人讚美的多元文化主義和這些少數族裔的真實狀況之間存在着很深的裂痕。

對西方而言，整體上這看上去似乎很像自由主義者與保守主義者之間的區別，前者接受了同化，而後者卻仍想保留他們的未被玷污的文化身份。對於西方的少數民族或者對於那些居住在西方之外的人而言，這種區別就不是那麼清晰。對個體來說，想要同時持有兩種觀點並不是不尋常的。後殖民主義的願望中存在着不安，這種不安的狀況受到了無法掌控的矛盾心理的侵擾。

圍繞《撒旦詩篇》而產生的文化和社會衝突主要是通過空間和二元對立的地理政治學——伊斯蘭宗教激進主義者與西方文藝界的現代主義者，也就是古老的(有武斷的意味)移居者和現代的(有諷刺意味)大都市人——展現的。這一現象掩蓋了不可化解的、邊緣性的、對於文化雜交的憂慮，這種文化雜交提出了認同的問題，以及離奇的、斷裂的暫存性中的流散社群的美學問題，即文化轉移的時間和文化轉移的空間「不可移植」的問題。

巴巴(Hami k. Bhabha)，《文化的定位》(1994)

第二章
來自下層與上層的歷史與權力

非洲和加勒比海的革命者在哈萊姆，1924年

　　我正觀察一張照片。照片上三個男人並排而立，姿勢呆板僵硬，嚴肅而若有所思地盯着鏡頭。每個人都衣着入時，穿着馬甲，揣着懷錶。中間身着白色套裝、腳穿翼尖狀飾紋皮鞋的男子頭戴一頂帽子，其他兩位則以手持帽。右側身材矮小而略胖一些的男子撐着一張木製摺疊椅的椅背。儘管他們正一起擺姿勢合影，但彼此卻保持着距離。這一點表明他們雖然認識，但卻稱不上是密友。他們衣着的華美與身後破舊的紅磚房形成一種奇特的反差。看起來他們好像站在一所廉價公寓或辦公樓的外面。他們身後的窗戶的右扇有百葉窗，而另一邊的窗戶卻沒有。

　　這張照片是由哈萊姆文藝復興運動時期著名的攝影師范德爾奇(James Van Der Zee)拍攝的。這張1924年8月拍攝的照片上的人物分別是加維(Marcus Garvey)、O.馬克(George O. Marke)和托瓦羅胡諾(Kojo Tovalou-Houenou)王子。加維來自牙買加，馬克來自塞拉利昂，托瓦羅胡諾來自達荷美共和國。那天他們都是來

紐約市開會的，或許這張照片是在哈萊姆135號街西56號原「黑星」航運公司辦公樓的後面照的。馬克是聯合黑人促進會的最高代理主席，他曾在弗里敦受過教育，並在蘇格蘭的阿伯丁和愛丁堡上過大學，他作為塞拉利昂的代表到紐約參加了1920年的聯合黑人促進會會議。1922年，他被任命為聯合黑人促進會代表團的全權代表參加了國際聯盟會議。代表團請求國際聯盟將德國以前在非洲的殖民地作為黑人居留地移交給聯合黑人促進會管理，但此請求遭到拒絕。這些殖民地後來轉交由英國和南非托管。

加維，這位聯合黑人促進會的創始人，1924年由於被指控利用郵件欺詐而被一個聯邦調查局的官員判處有罪，這位聯邦調查局的官員急於尋找藉口將他驅逐出境。加維早年加入了牙買加的「國家俱樂部」，這個組織致力於擺脫英國統治尋求獨立。之後加維在中美地區廣泛旅行，然後去了倫敦。他的妹妹阿德里安娜當時在倫敦做家庭教師。在倫敦，他了解了泛非運動，該運動於1900年在倫敦召開了首次會議。他還閱讀了T.華盛頓（Booker T. Washington）的著作《出身奴隸》。最重要的是，他遇到了了不起的蘇丹裔埃及人阿里（Duse Mohammed Ali）並與之成為摯友。穆罕默德·阿里是一位民族主義者，他們二人共同經營阿里的宣揚激進民族主義的報紙《非洲時代與東方評論》。1914年當加維返回牙買加創建聯合黑人促進會

時，他已經形成了一套政治哲學，其基礎是黑人權力和尊嚴的簡單而有力的傳達。兩年後，他受布克·T.華盛頓之邀來到美國，並產生了巨大的影響，或許可以說在美國沒有一個黑人移民的政治影響力比他更大了。他把反殖民的言語轉換成民權和爭取黑人權力的語言，在20世紀這兩者將繼續發展，並互相密切聯繫，彼此推動。這張照片記錄了這種推動力量啟動的那一時刻。

托瓦羅胡諾王子本人剛剛從法國抵達紐約，並且要在哈萊姆自由大會堂舉行的1924年年度聯合黑人促進會會議上發言。托瓦羅胡諾王子是保護黑人種族全球聯盟的主席，該組織由他創建於巴黎，它的創立緣於一個有名的事件。當時因為托瓦羅胡諾王子是黑人的緣故，幾個美國白人遊客試圖把他扔出一間咖啡廳。當你審視這個貴族，這個流亡的達荷美共和國國王的姪子的時候，你會很容易看出為甚麼他如此強烈地憎恨這種待遇，以至於他引起了整個法國媒體的同情。正是由於這個原因，巴黎多年來享有對黑人藝術家和知識份子最具同情心的西方城市的美譽。貝克（Josephine Baker）、休斯、鮑德溫（James Baldwin）、海姆斯（Chester Himes）、波切特（Sidney Bechet）都受到了法國人的喜愛——只要他們不是阿拉伯人。

在1924年的大會上，加維宣佈聯合黑人促進會已約有一萬四千個分支。其中一半在北美洲，其餘分佈

圖6　加維、O.馬克和托瓦羅胡諾王子。

在加勒比海、中美洲、南美洲和非洲，全部成員據估計已達到六百萬。這種非同尋常的全球化組織在托瓦羅胡諾的報紙《大洲》的名字中得到了反映。這是跨越大西洋的黑人革命運動，這三個來自英法在非洲和

加勒比海殖民地的革命者聚集在美國，想要聯繫不同文化間的激進主義並確保跨國的團結合作。

加維在加勒比海、美國和英國開展的革命運動，使他成為了拉什迪所描繪的「被轉化的人」的一個早期的範例。所謂「被轉化的人」，也就是被不同文化「轉化」的人。但這不是人們被動經歷的事情：加維要求恢復黑人尊嚴的呼籲是自我轉化的一種呼聲。跨越不同地域時，語言、人和文化會發生改變，可以從轉化的視角來看待它們是如何改變的。它還可以被更隱諱地使用，用來描繪個人或群體是如何通過改變自己對社會地位的認識而被轉化的。

在這裏，在紐約，三個人站在一起，準備向聚集在自由大會堂裏參加聯合黑人促進會會議的聽眾發言，他們不僅是一路從牙買加、達荷美共和國和塞拉利昂到哈萊姆的三個人。在重新描繪美國文化及超越全球文化的過程中，他們是積極的文化上的轉化者。他們的相聚標誌着被壓迫國家間的革命性的思想意識的轉化。後來，克喬·托瓦羅胡諾王子受到了法國殖民當局的迫害，加維被聯邦調查局勒令離開美國。在此後的幾十年中，美國民權激進主義者——如歌手保羅·羅伯遜與加勒比海及非洲反殖民領導人之間的聯繫處於美國聯邦調查局、英國軍事情報五處和英國軍事情報六處的監控之下，但此時為時已晚——加維的干預已經成功。加勒比海的激進主義已經抵達紐約和

倫敦，爭取黑人權力的事業將越來越壯大。一代接一代的加勒比海的活動家〔如詹姆斯(C.L.R. James)、麥凱(Claude Mckay)和帕德莫(George Padmore)〕積極沿着他們的腳印前進。

圖7　卡斯特羅(Fidel Castro)回到哈萊姆，1995年。

卡斯特羅重訪哈萊姆

在1960年卡斯特羅訪問哈萊姆期間，當擁擠的人群迎接這位古巴領導人時，他與馬爾科姆·X(Malcolm X)見了面，此時在古巴，多次大型集會紛紛譴責美國的種族主義。一份黑人報紙《紐約市民的呼聲》報道說：「對哈萊姆少數民族居住區的受壓迫的居民而言，卡斯特羅就是那個鏟除民族敗類，讓美國白人下地獄的大鬍子革命者。」

現在，耐心排隊等候聆聽古巴領導人2000年9月演說

1960年迎來了這段歷史上最著名的時刻。菲德爾‧卡斯特羅在市中心的酒店內遭到刻薄對待後,受馬爾科姆‧X邀請來到哈萊姆,入住在泰瑞莎酒店。卡斯特羅後來回憶說:「我立刻決定『我要到哈萊姆去,因為那裏有我的好友』。」卡斯特羅對哈萊姆的初訪標誌着古巴與美國黑人長期團結的開始,也標誌着(正如卡斯特羅所說)產生於第三世界的兩國人民——古巴人民與美國的第三世界人民之間的友情與同情的開端。

轟炸伊拉克——始自1920年

我正站在陽台上，越過黃色的房子，向外眺望着北部在夜色中拔地而起的黑色的石灰岩山脈。我仍能辨認出塞浦路斯的土耳其共和國的大旗，它掛在山腰上，這是一幅巨大的鑲嵌工藝品，白底配以紅色圖案，色彩豔麗，在平行線條之間構成了新月形和星形兩個圖案。無論你在尼科西亞的任何地方，無論你何時眺望北方，你都會看到那面旗幟勇敢地越過地平線，在空中飛揚，旁邊寫着堅定的語句：「做一土耳其人，樂哉。」該島被分開已有二十五年多了。聯合國確立的分割線上的倒鉤狀鐵絲網已鏽跡斑斑，許多指揮部和錡望台似乎已被長久地遺棄。然而，沒有任何物體可以穿過分界線；雙方仍然透過城牆、電纜和分界線上看不見的地雷互相怒目而視，雙方回憶起了被拋棄的家園，回憶起失蹤的家人和村莊被屠殺的夜晚。在經過艱苦鬥爭取得獨立之後，另一個殘留的殖民影響要歸咎於人們自己。

我看着灑落在山上的暗淡的光線，聽着從城市的另一邊傳來的傍晚的祈禱聲。在此背景下，我能聽見路透社的電子郵件發送到電腦裏的聲音，此時這一地區的人們都在寫新聞稿。我看了看身後的桌子，看到了哈立德發來的一條信息。他最近剛被派往巴格達。我在他的名字上雙擊光標，他的信息便出現了。

發件人：哈立德　　時間：星期三22/01/2003 23:08
收件人：沙燕

抄送：

主題：回覆：報告

　　祝你平安，我今晚終於與我向你提到的那個人相遇了。要了解辦公室裏正在發生甚麼事情是很難的，在他的辦公室裏也一樣。他們在那兒正忙着把收藏的珍寶轉移到更加安全的地方——在電信局和外交部之間的博物館是個合適的地方。不管怎樣，我們最後安排在姆斯坦色爾街拐角處的阿爾海穆罕默德的家裏見面。這次談話發生了意想不到的轉折。別把這個發到新聞上，可你能把它發表在專欄上嗎？如果尼克能把這則消息同時發表在多家報紙上，就請他幫個忙。

　　多謝。

哈立德

「轟炸的權利」：巴格達，2003年1月21日

　　一進門，我就看到他坐在屋子的另一邊，胳膊很瘦，心不在焉地揣着手盯着地板上刻着菱形圖案的地磚。我坐下後，他給我們兩個人點了咖啡。我們熱情地談起了雙方以前的老朋友，以及他在巴黎和倫敦度過的那幾年時光。薩蒂克(Sadiq)是巴格達古蹟總管的高級代表，專門研究塞爾柱王朝時期(12-13世紀)的美索

不達米亞人的書籍。幾年前，基於他的博士研究，他出版了一本重要的學術論著，是關於迪奧斯科里斯的《藥物論》(1224)的，他現在已成為研究那一時期的醫學論文的權威。他在巴黎的國家圖書館用了一年多的時間研究《解毒劑》(1199)這本書。他給了我一篇他自己的文章，在該篇文章中，他分析了《解毒劑》(其中談到了該如何培育植物以便獲取那些植物的醫療性能)中的精美插圖。我想更多地了解那一時期植物和藥草在醫學中的非凡作用，因此我向他解釋了我此行的目的。突然，塵土四處飛揚，我們聽到了遠處傳來的隱約的爆炸聲。他看了看我，伸出舌頭舔了舔他發乾的嘴唇。起初，他一言不發，幾十年來他從動亂的，有時充滿恐怖的政權統治中倖存下來，這是他的一種自然本能。他的學術成就圍繞着八個世紀以前巴格達作為伊斯蘭世界的中心所創造出的輝煌的工藝品，這個領域非常「安全」，使他在某種程度上達到了「政治隱身」。然後他注視着我，開始講了起來。

又是英國人幹的。八十多年來他們一直在轟炸我的家園。這些來自英國的不速之客從天空上向我們投擲炸藥，其間經歷了四代人。事情始於1920年。當時我的曾祖父阿布達·拉赫曼正回村裏參加他小兒子的婚禮，這時一架雙翼飛機突然飛過來在婚禮儀式上投擲了一枚燃燒彈。按照村

裏以前的慣例，舉行婚禮時，客人們被分成男女兩個區域。炸彈落在男性聚集的區域，當時就使我們家族一半的男子死亡或傷殘，包括曾祖父的長子、三個叔叔、兩個堂兄弟和我祖母父親的兄弟的四個兒子。從那以後，只要他們覺得時機合適，炸彈便又會從天而降。

現在此類事情多是由他們的老大哥美國來幹的，但是你仍然能看到英國皇家空軍的飛機沿着20世紀20年代英國人最初劃定的路線劃過我們的領空。二戰後當他們準備最終(又一次)離開時，飛行正式開始。他們不辭勞苦地精細地勘測和拍攝了我們的每一寸國土。我的堂兄那時正在英國讀書，他告訴我說在英國的吉勒大學有數百萬張伊朗和伊拉克的偵察縮微膠片，這些都是由英國皇家空軍680中隊在撤離前拍攝的。你不會知道我們甚麼時候需要這些資料，問他們時他們微笑着說。當他們尋找石油的時候，或者當他們為確保將來擁有更多石油而決定轟炸我們的時候，就會用到這些資料。或許現在當他們坐在英國的操作室裏計劃着下一步要擊中我們中的哪一個目標時，就使用着它們。

我們每一寸的國土都被拍攝了，從波斯灣的阿爾巴斯拉到阿馬蒂亞北部的山區。這是我們的國土啊！從某種意義上講，這幾乎已經不再是我們的國土——即使她一直是我們的土地。就像中

東地區的多數國家一樣，這種局面是由兩個人，一個法國人和一個英國人在一戰期間所造成的。他們一個叫賽克斯(George Sykes)，另一個叫皮科特(Mark Picot)爵士。他們只是在倫敦偶遇，然後兩人秘密地決定了所有的一切。戰敗的奧斯曼帝國將會被瓜分，新成立的國家，比如巴勒斯坦、約旦、伊拉克、敘利亞、黎巴嫩，都是從所剩下的土地的邊邊角角中創建出來的，以便於兩個殖民帝國統治它們。當然英國已經控制了埃及和蘇丹。伊拉克是由奧斯曼帝國剩下的三個省構成的。1920年，他們聲稱要讓庫爾德人獨立建國，即建立庫爾德斯坦。可是到了1923年，一時間他們把這個承諾忘了個一乾二淨。他們創造的不是國家，他們只是根據自己的利益在地圖上繪製一些線條而已。我們之間過去沒有邊境。整個帝國從一端到另一端是開放的。當然各地區也有所不同，像以前一樣，我們屬於美索不達米亞的北部和南部。他們用倒鉤狀的鐵絲網在流動的沙子上劃出了他們新的「保護國」，據他們說，這些地區除了幾個像我的曾祖父和祖父一樣的無名的部落男子外杳無人煙，而像我的曾祖父和祖父這樣的人，根本沒有必要被詢問怎樣劃分領土才對他們有益。遊牧者是沒有權利的。他們根本就不在那個地方。

他們也不像那些後來迅速到來的石油公司或軍隊。那些法國人在戰爭結束時迅速使他們的塞內加爾部隊在貝魯特着陸，隨後佔領了整個北部沿海地區。英國人在印度軍隊的協助下控制了巴勒斯坦，在敘利亞增派了顧問並佔據了整個美索不達米亞。當時他們所有的中東殖民地都由英國印度行政部門來管理。你知道它們不是英國的殖民地——它們是「英屬印度的托管地」。

他停了片刻，死死地盯住地板，然後又陷入了沉默。我遞給他一支煙，他吸了一會兒，看着藍色的煙霧緩緩升起。

「後來發生了甚麼事？」我問，「它們接管了之後？」他深深吸了一口氣，搖了搖頭接着講了下去。

咳，它們完全佔據了帝國原來的疆土。同時英國人在國際論壇上多次公開聲明，所有「被解放的」國土，都要在他們所謂的「同意管轄」原則的基礎上，由它們自己的國家管理機構管理統治。阿拉伯人相信了他們的話；為了這一諾言，難道他們沒有受英國人的引誘去與英國人共同抗擊土耳其人嗎？別忘了英國人至今仍然還在利用所謂的「阿拉伯的勞倫斯」。所以，在1920年3月，在大馬士革舉行的敘利亞國民大會通過了決

議，宣佈敘利亞、巴勒斯坦、黎巴嫩獨立。伊拉克領導人也立即宣佈了伊拉克的獨立，並立阿卜杜拉（Amir Abdullah）為國王。看到這種局面，英法直接找到國際聯盟，國際聯盟親切地給予它們對全部這片領土的托管權。這並不令人吃驚，因為它們畢竟控制了國際聯盟。受誰的托管？它們聲稱「托管」一詞只是一個法律上的假定，目的是使它們對新殖民地的控制合法化。

可我們並不接受這一切。費薩爾國王的軍隊在黎巴嫩邊境攻擊法軍，阿拉伯人在巴勒斯坦反抗猶太人，幼發拉底河中游的人民在反抗英國人。作為回應，法國人佔據了整個敘利亞。在伊拉克，英國人沒有動用他們的印度武裝力量，而是動用了新成立的英國皇家空軍來轟炸我們。記得對我曾祖父兒子的婚禮的轟炸嗎？同樣他們在索馬里蘭也動用了英國皇家空軍。在和英國駱駝部隊為期兩個月的共同軍事行動中，他們推翻了苦行僧首領哈桑（Mohammed bin Abdullah Hassan）的政權，英國人根據他的特徵稱他為「瘋狂的毛拉」。說他瘋狂當然是因為他要擺脫英國人的殖民統治。他們通常認為空軍對民族主義者的轟炸和掃射是軍事行動成功的關鍵。

他們新上任的熱衷於開拓殖民地的大臣邱吉爾（Winston Churchill）很早就意識到了空軍在維持帝

國主義對英國廣闊領土的控制方面的優勢。在起義爆發前，他已經調查過動用空軍控制伊拉克的可能性。他說，這會涉及使用「某種令人窒息的炸彈，據預測可造成某種殘疾但不會致人死亡……用於鎮壓動亂種族的最初的軍事行動」。你不能忘記諸如此類的話。你也不會忘記下面的話。「我無法理解審慎使用毒氣炸彈的做法。」他說，「我強烈贊成使用毒氣對付那些野蠻的種族。」因此在索馬里蘭獲勝之後，邱吉爾指揮了一場在伊拉克展開的英國皇家空軍的軍事行動，此次行動與上次類似。結果可想而知。起義的伊拉克人被成功地「安撫」了。他們製造戰爭並且稱之為和平。這對他們而言有區別嗎？邱吉爾第二年和「阿拉伯的勞倫斯」去開羅參加了一場有關英國托管地未來的會議，可沒有一個阿拉伯人被邀請參加。他們任命了被法國人驅逐出敘利亞的費薩爾(Faisal)為伊拉克的國王。儘管巴格達強烈抵制，但事先安排好的公民投票還是使他當選了。

　　是的，新成立的英國皇家空軍被派出來是要證明它的實力。它只是作為英國武裝力量的一個獨立分部而創建的。任何人都能看到那種技術在控制遠方民族上的優勢。轟炸機司令部司令哈里斯(Arthur Harris)爵士——臭名昭著的「轟炸機哈里斯」這樣解釋道：「阿拉伯人和庫爾德人現

在明白了真正的轟炸意味着多大的傷亡和損失。四十五分鐘之內，整個村子可以被夷為平地，三分之一的村民將被炸死或炸傷。」僅四十五分鐘就能消滅一個村莊——戰鬥力還算不錯。因此英國人在英國建立了五個皇家空軍中隊，在埃及建立了五個，在伊拉克和印度各建立了四個，在遠東地區建立了一個。從現在開始我們和他們交戰時不會再看清他們長甚麼樣。是的，在他們除掉土耳其人之後，當我們中的一些人和他們並肩作戰時，他們會像惡魔一樣從空中返回。幾個月以來英國皇家空軍的第三十中隊一直在我們上空盤旋，炸死了我們的人民，毀了我們的家園，直到印度士兵和英國軍官在附近安營駐扎。英國的統治恢復了。

我還有一張宣傳圖片，這張圖片是在我們剛從土耳其的統治下獲得「解放」時由他們所做的。這是一張有關「和平行動回顧」的圖片。這個和平行動回顧是第一個，因為接下來又有一次失敗和勝利。這次是英軍對伊拉克的。看看那架飛翔於我們頭頂上空的哈維蘭9型飛機，它的機關槍向後，隨時準備向下面的人掃射，雙翼下塞滿了四百五十磅重的炸彈。誰是主宰？這裏沒有給你留下過多的錯覺。權力來自空中。看吧。

説到這裏，他仔細地在他的公文包裏翻找，從中拿出了一張舊的摺角的明信片遞給我。我盯着它看了一會兒，試圖找出其中的意思。根據影子來推斷，這肯定是在晚上。一群阿拉伯旁觀者正觀看一場閱兵。中間，英國軍官正站在一排駱駝部隊的對面。幾面大旗在空中飄揚，此時一架舊的雙翼飛機正在他們頭頂上方飛翔。我能辨認出圖上的法國國旗和英國國旗。

　　「前面的那面旗是甚麼旗？」我問道。

　　那是意大利的海軍軍艦旗。在那場戰爭中，他們站在英軍一方參戰。拿着它吧！這是一件紀念品，可以讓你在離開的時候記住這一切。我祖父曾聽説他們只是在這裏作短暫停留。是的，最終他們在1932年撤離了，但正如在埃及一樣，這並不意味着我們真正獨立了。只是部分獨立而已！我們被迫簽署協議，同意讓英國控制我們的外交，在巴格達附近的哈巴尼亞和巴士拉附近的舒艾巴保留他們的兩個空軍基地，在戰時隨時徵用伊拉克軍隊，保持他們對伊拉克石油公司的徹底控制。它的名稱雖然是伊拉克石油公司，但英國政府控制着它，其中根本沒有伊拉克人的所有權。根據獨立和約的規定，伊拉克石油公司享有在伊拉克的獨有勘探權。這些權利在1961年被廢除，但公司本身直到1972年由巴克爾（Hasan al-

Bakr)和侯賽因(Saddam Hussein)實行國有化後才真正處於伊拉克人的控制之下。那是一個深得人心的行動。難怪他們不喜歡他！他們想要回他們的石油。他們已經開始談論，當他們再次佔領我們的國家時，來自下層與上層的歷史與權力哪個公司將會獲得這些權利。

他微笑片刻，然後坐回到椅子上，好像他在思考下一次佔領的景象。他不再看着我，而是在心中默想着這一切。好像這個故事一旦開始，他就一定要把這個故事講完，不論他要多少次強迫自己穿越時間的隧道回憶起那些曲折的故事。

英國軍隊撤離了，但這只是表面現象。我們被告知我們要在他們的指引和控制下管理自己。到了二戰期間的緊要關頭，當時我們中的一些人指望軸心國把我們從對英國的屈從中解放出來。當總理卡伊萊尼(Rashid' Ali al-Kailani)不滿英國軍隊要在伊拉克登陸時，他們就表示要趕總理下台，最後他被迫辭職了。為此拉施德·阿里組織了一場反對親英的攝政王的政變。但英國拒絕承認他的政府，並要求讓更多的軍隊登陸。隨後他們在哈巴尼亞的指揮官攻擊了包圍基地的伊拉克軍隊。不久他們佔領了巴士拉，奪取了巴格達，使攝政

王復位。他們依靠蠻力又一次取得了控制權。在英國大使館的指引下，新政權着手對武裝力量和政府機構進行清理，處死了一些民族主義的同情者或將其送入澳法的拘留營。那就是他們關押我父親卡里姆（Abu Karim）的地方。他在那兒一直待到我長成一個小伙子時才獲得自由。

英國和歸順英國的伊拉克政權（就像由英國扶上台的波斯國王和約旦國王一樣受到英國的控制）之間的密切關係一直持續到1955年簽訂《巴格達條約》的時候，該條約是哈希姆王朝與英國之間最後一個阿諛逢迎的協定。第二年是蘇伊士運河戰爭！英軍遭到了打擊！不久之後，1958年爆發的第二次軍事政變將令人憎恨的哈希姆政權推翻了。隨之英國對伊拉克的支配力也宣告終結。但是英國的干涉並沒結束。最初我們以為再也見不到他們了，因為對他們很溫順的君主沒有了，他們的基地沒有了，運河的爭端也沒有了，但他們仍然想獲得石油。為甚麼他們總是回來呢？他們已經夾着尾巴離開了，被解放的國家在萬隆顯示了自己的威力。後來他們失去了伊朗，薩達姆受到激勵把他們趕了出去。我們又將滅亡了。他們又回來了。

現在他們說我們對他們是個「威脅」。但事實難道不正是他們一直在威脅我們嗎？是的，他

44. · Peace Review. · BAGDAD

圖8　和平行動回顧，巴格達，1918年。

們確實對我們構成了威脅。自20世紀40年代以來他們一直在發展核武器。在此之前很久他們就用化學武器轟炸我們。邱吉爾本人在1923年命令使用芥子氣對付伊拉克北部的庫爾德人，當時他們因為聽說英國背棄承諾，不願建立一個庫爾德人的政權而起義。英國皇家空軍用了將近一年半的時間反復攻擊庫爾德的蘇萊曼尼亞城，他們才最終被鎮壓下去。咳，也不能說最終被鎮壓下去了。英國皇家空軍於1931年又一次轟炸了庫爾德人，這時英國正準備使伊拉克「獨立」，它在准許獨立的同時卻沒有提到庫爾德人在伊拉克的地位。現在你仍然可以遇到那些對20世紀20年代英國皇家空軍的機關槍掃射和轟炸記憶猶新的庫爾德人。我的朋友易卜拉欣（Ibrahim）前不久在參觀克亞科山時偶遇了一位仍能完整追憶此事的老人。「他們對這裏的卡尼亞霍蘭進行了轟炸，」老人告訴他，「有時一天轟炸三次。」

當然伊拉克人被認定為是「不負責任的」。別忘了，難道不是薩達姆入侵科威特嗎？那是個錯誤，儘管很多伊拉克人強烈地認為從歷史上講科威特一直就是伊拉克的一部分。無論如何，你非常清楚聯軍如何在1992年快速動員起來奪回了科威特的主權並收回了開採石油的權利。人們問：「他們怎麼不會為巴勒斯坦的被佔領土做同

樣的事情？」我們中間只有少數年紀大的人能記得1920年英國人的飛機和裝甲車是如何調動起來攻擊沙特的部落的，他們當時攻擊了英國在伊拉克和外約旦的新「主權」領地。英國人把沙特的一大塊領土給了伊拉克的新政府，作為補償他們又將一些土地移交給了內志（即沙特阿拉伯）的蘇丹伊本·沙特（Ibn Saud）。是的，他們給了他科威特三分之二的疆土。

當英國政府武斷地判定領土歸屬時，伊拉克不可避免地要求擁有剩餘領土的所有權。科威特最初是奧斯曼帝國一個省的一部分，伊拉克就是由這個省建立起來的。沒有它，我們幾乎不可能接近波斯灣的水域。英國人在1924年從伊本·沙特那裏獲得了馬安和亞喀巴之間的狹長地帶，其理由是它曾經是奧斯曼帝國大馬士革省的一部分，因此應該成為巴勒斯坦的一部分。英國人成了判定這次爭議誰是誰非的權威。他們的哈希姆君主——加齊國王在20世紀30年代後期首次堅持了伊拉克對科威特的所有權，當時科威特是英國的一個殖民地。然而英國人和科威特的酋長早在1899年就簽署了保護協議。因此在奧斯曼帝國崩潰時，英國在科威特創建了一個獨立的傀儡政權，將它從奧斯曼帝國的巴士拉省分離出來。當伊拉克的軍官領袖卡西姆（'Abd al-karim Qasim）在

1961年再次提出對科威特的所有權，要求科威特擺脫英國統治時，英方立刻派來了軍隊。三十年後他們又回來了。轟炸也會重新開始。

　　是的，我們對他們是一個威脅。每次我們掰開麵包，數以千計的英國人會處於被我們咀嚼的險境。每次當我咀嚼葡萄或蜜棗，吮吸桑葚或杏子時，在英國的某個人一定會因恐懼而渾身發抖。每次當我兒子爬上樹去找無花果，優雅威嚴的英國紳士就會處於險境。我們想過一種屬於我們自己的生活，沒有他們的干涉。有一天晚上在電視上我聽到一個伊拉克老人說：「他們擁有一切，而我們一無所有。我們不想從他們那兒得到任何東西，而他們卻總想著要從我們這兒得到更多的東西。」我們所要求的就是讓他們停止干涉我們的事務。自1920年以來我們沒有轟炸過他們而是他們一直在轟炸我們。他們從來就沒有想過這一點嗎？我們從來不會讓他們心生不安。他們好像認為這是上天賦予他們的權利。或者這是不是他們的另一種人權，一種轟炸他國的權利？當然這種權利不是由我們的真主賦予的，感謝真主。自從他們的空軍成立以來，他們想甚麼時候轟炸我們就甚麼時候轟炸我們。可他們仍然聲稱我們對他們是一種威脅。幾十年來，甚麼時候我們使他們不高興或觸犯了他們的利益，他們就通

過一次次的轟炸一直在屠殺我們。我想我們的問題是我們從來不是容易被控制的。我們與有的中東國家不一樣，並不是他們想要甚麼就給他們甚麼。因此他們不斷地來轟炸我們，而我們一再地從他們手中掙脫。他們不會征服我們，也從不會「平定」我們——即使他們一直堅持這樣去做。

幾年前，也就是1998年齋月的前兩天，我們全家都在巴格達的公寓裏睡覺。我們那棟公寓很高，正對着扎烏拉公園，俯瞰聖曼蘇爾雕像。在我們準備起床做晨禱之前的幾個小時裏，警報突然響了，炸彈落在我們周圍，他們那不祥的炸彈像焰火般將天空照亮。前臉用白粉刷過的建築物和橋樑突然被炸塌了，就像沙堡在潮水到來時塌掉一樣。從那時起他們創立了「禁飛區」，他們沒有真正停止過。他們消失的時候，土耳其人就飛過來轟炸庫爾德人——庫爾德人可正是他們的禁飛區應該保護的人。英國人自己承認，在過去的一年裏他們至少每隔一天就轟炸我們一次。這是他們自二戰以來持續時間最長的轟炸。如今他們揚言他們又要回來了，又來毀壞我們的家園，改換我們的政府，這樣的事情他們已經做過無數次了。為甚麼這麼多年來他們從那麼遙遠的地方飛衝向我們？為甚麼我們引起了他們這麼大的興趣？因為我們有「他們的」石油。這就是從1920

年至今始終沒有消失的真正的威脅。

　　我經常感到困惑，如果我們時不時地在英國轟炸他們，一代接一代地轟炸，他們會是何種感受？如果時機適合我們就改換他們的政府，毀壞他們的醫院，讓他們沒有淨水喝，殺死他們的孩子和家人，他們又會是何種感受？現在多少個孩子死掉了？我想都不敢想。他們說他們的帝國時代已經結束了。當你聽到空中的燃燒彈發出的斷斷續續的爆炸聲時，你就不會這樣想了。或者當你躺在床上，炸彈把你和孩子周圍的建築物炸得直晃動時，你就不會那樣認為了。正是在那一時刻你會夢想真正的自由——托靠真主——遠離英國皇家空軍的自由。

第三章
空間與土地

無地狀態：「塞韋里諾的生與死」

　　據《牛津英語詞典》記載，「無地狀態」這個
詞在英語中只被寫過一次，1851年麥爾維爾（Herman
Melville）曾寫道：「在無地狀態中存有最高真理。」
因此，這種情況似乎不單單是盎格魯—撒克遜人的問
題。無地狀態是許多其他社會，包括一些居住在盎格
魯-撒克遜國家的普通百姓每天不得不面對的最直接和
最重要的問題。在許多先前被殖民過的國家，殖民者
把居住在某一土地上的人們趕出家園，建立起了大農
場和自己的住房。其中一些被掠奪了土地的人們的子
孫，時至今日還處在手無寸土、貧窮無助、居無定所
的狀態之中。因為沒有用以耕作的土地，這些窮人唯
一的選擇是流浪到大城市的貧民窟度日。然而，平民
窟的救濟所也是岌岌可危，比如種族隔離時期的南非
或者是與其同時期的孟買。

　　以巴西為例可以更清楚地揭示這一點。巴西的國
民生產總值列世界第九位，但巴西同時也是世界上收
入分配最不平均的國家。該國百分之三的人口控制着

可耕地面積的三分之二，其中百分之六十的土地卻處於閒置狀態。在極端困乏的條件下生活的人們，特別是在巴西最貧窮的地區累西腓州生活的人們發動過許多反抗活動，發起組建了農民聯盟，開展了革命運動和游擊運動。就在不久前，那裏的人們作出了一個與眾不同的政治回應，他們成立了一個新的組織——無地農民運動。針對大片土地被極少數人佔有的狀況，無地農民運動不僅反對這種失衡的狀況，而且打出了「佔領失地、積極抵抗、擴大生產」的口號，用以鼓舞巴西一千二百萬無地勞工佔領未被耕作的土地。無地農民運動是世界上最大的基層群眾組織之一，如今在無地農民運動的領導下，已有超過二十五萬個家庭贏得了一千五百多萬英畝土地的所有權。成千上萬個家庭在等待着政府認可他們的定居權。在此過程中，在農民、地主和警察之間，衝突還頻有發生。

無地農民運動的一貫工作原則是集體性和社團性。該組織從一開始就在其定居地建立了食物合作組織和小學，並進行了掃盲教育。所有的農場在運作時都考慮到環境保護問題：無地農民運動生產的有機種子在拉丁美洲是獨一的。該組織也注重保健問題，它還從整體角度考慮，認為健康問題不僅僅是一個就醫的問題，還涉及生存環境、衛生清潔和全民福利。這一有關健康的概念包括個人生存的社會環境。無地農民運動是這樣說的：

由此，健康問題是關於你如何居住，在哪裏居住，你吃甚麼，以及如何謀生的問題。健康就是身體感覺良好，心態平和，家居生活充滿尊重和友愛，人人平等，人與自然和諧相處，社會充滿平等和正義。

值得注意的是，這不僅僅是後殖民所樂於分享的一個關於健康的政治問題，而且它也是無地農民運動發展社區大眾生活整體規劃的遠景目標的一部分。

圖9　瑪麗亞‧達‧席爾瓦（Maria da Silva）和自己八個孩子中的四個孩子在一起，她和她的丈夫瓦爾德馬住在由安赫畢的無地農民運動建成的寮屋裏，位處離聖保羅一百三十英里的新卡努杜斯，巴西，1999年7月30日。

1997年，在試圖通過傳統政治渠道重新獲得政治主動權和土地改革控制權的一次嘗試中，巴西政府在世界銀行提供的一億五千萬美元的特別支持下，啟動了一項以市場為基礎的土地改革替代方案，即《土地規劃方案》，以此來挑戰無地農民運動。方案計劃高息貸款給無地的人們以便他們用來購買土地，該方案由站在地主一邊的區域委員會進行管理。因為世界銀行站在地主一邊干涉一個國家的內政，所以該方案受到了廣泛的批評。不過無地農民運動在反對該方案的過程中變得越來越強大。世界銀行干預巴西政治產生了始料不及的結果：伊納西奧·達席爾瓦(Luiz Inacio da Silva)，這位被民眾親切地稱為盧拉(Lula)的人於2002年11月當選巴西總統。盧拉出生於累西腓州的一個赤貧家庭，小學未畢業就輟學了，可他後來成長為一個工會的領導以及勞工黨的創立者。他在當選致辭中清楚地表達了他在施政時要優先解決的問題：

> 我執政的第一年將重點向飢餓開戰。我呼籲巴西沒有飯吃的人要團結一致。

　　從許多方面來看，無地農民運動都可算作後殖民政治活動的典範：組織一場基層群眾運動來反對一個由地方強權和國際權力機構——銀行、商業、投資基金所支持的不公正的體系，反對物質的不平等佔有。

這些國際權力機構妄圖使全球的經濟市場保持現狀。無地農民運動建立在集體基礎之上，代表普通人的福利，而且如我們所看到的那樣，它關注土地佔用和更廣闊的社會問題層面，其中包括了婦女地位問題、兒童福利問題、保健問題、教育問題以及提高生存環境質量問題。這樣，無地農民運動就必須從地方做起，不僅要面對地主和地方政府、中央政府中的反對者，而且要直接面對世界銀行中的反對者，這就意味着它必須從一個更廣闊的角度來考慮問題，在一個更大的平台上和更廣闊的公共空間裏為自己的主張而戰鬥。正因為如此，和無地農民運動一樣的其他各種運動都要與其他國家中與自己的情況相當的運動組織聯繫起來，比如菲律賓農會——一個由無地農民、小農場主、農業工人、勉強糊口的漁業工人、農村婦女和農村青年所組成的全國性的聯盟，同時還要聯繫更大規模的全球性社會運動，如全球人民行動組織——一個廣泛的抵抗運動聯盟，它反對世界貿易組織強加的不平等。全球人民行動組織發起了全球人民行動日，旨在對抗全球資本主義和「市場中的獨裁」，它先後在世界貿易組織、八國集團、世界銀行開會期間，在日內瓦、西雅圖、布拉格組織活動，十分成功地繞過了那些傳統渠道，而以往只有本國政府的代表才能代表人民說話。既然第三世界國家的政府面對八國集團的利益顯得軟弱無力，那麼全球人民行動組織則直接領

導大眾行動，產生了相當大的影響。

　　無地農民運動還與部族運動相結合。土著居民，如巴西的瓜拉尼人、馬庫希人和希庫魯人正在努力奪回被大農場主和金礦礦主搶走的土地所有權。無地狀態對於全球數以百萬計的人們來說仍然是政治上的核心問題，長期以來它就是政治反抗和農民暴動的焦點。當前墨西哥的薩帕塔運動秉承1910年薩帕塔農民革命的遺志，繼續反對那些掠奪了他們的土地的大地主和大牧場主。1913年的《南非土著居民土地法》規定，除了農業工人，其他非洲人不得擁有或佔用「計劃的土著區域」以外的土地。該法案導致了許多人無家可歸，失去了謀生手段。在印度，農民或部族為獲得土地發動運動和起義，其反抗地主控制土地的管轄制的行動就從來沒有間斷過，從殖民地時期到獨立時期，從甘地領導的印度農民運動到毛澤東領導的農民武裝奪取政權。

　　既無土地又無財產是殖民地居民的一個典型特徵，而且一直是歷史上最難解決的難題。1972年澳洲的土著居民和托雷斯海峽的島民在堪培拉國會山的草坪上搭建了他們著名的「帳篷使館」——一座簡陋的棚屋，這很有效地宣傳了他們對土地所有權的主張。「原住民的土地權」一直是北美洲的土著居民、印度的土著居民、津巴布韋沒有財產的非洲農民主要關注的問題，非洲農民一直在為《阿布賈宣言》中體現的

基本的土地權而鬥爭。要求收回失去的國土是巴勒斯坦的中心問題。

這些就是後殖民鬥爭，通常都涉及土地佔用的後果。土地佔用問題是殖民強國最平常但卻是最重要的特徵之一。所謂的「土地所有權問題」對於西方革命者來說並沒有甚麼大不了，但對於擁有三大洲視角的人〔比如毛澤東、法農、哲格瓦拉、副司令馬科斯(Marcos)〕來說，卻是一個主要的政治主題，這是令人吃驚的。思考無地狀態就是思考農民問題，就是思考涉及世界上最貧窮的人的問題。毫無疑問，現實情形是今天我們更多想到的是無地的農民，而不是20世紀60年代的鄉村游擊隊的身影。無論如何，從哥倫比亞到秘魯，從尼泊爾到印度北部的阿薩姆邦，土地所有權改革的必要性在持續的農民革命運動中始終佔據着中心地位。

辛苦勞作的人啊，受着非人的剝削。這些窮苦人在監工和皮鞭下，很少被當作人來看，也許從未被當作人來看。從獨立的曙光照耀他們開始，命運一直沒有改變過：印第安人、加烏喬牧人、美斯蒂索人、印第安人與黑人的混血人種、白人與半白人的混血人種、沒有財產或收入的白人。正是由這些大眾構成了「國家」，而他們卻從未從中獲益……他們仍然死於飢餓，死於可治癒的疾病，死於冷漠，因為他們從沒有足夠的生活必需品：普通的麵包、病床、治病的藥物、伸出的援手──他們的命運一直如此。

但如今……這群無名的大眾，這個有色的、陰鬱的、

沉默的美洲，在整個美洲大陸帶着同樣的悲傷和失望吟唱。今天這個群體開始全面進入了自己的歷史，開始用鮮血書寫自己的歷史，開始為歷史受難，為它犧牲……的確如此，現在歷史將不得不把美洲的窮苦人寫進歷史，身受剝削、遭受不屑的拉丁美洲人民決心開始書寫自己的歷史了。

《第二個哈瓦那宣言》，古巴人民，哈瓦那，古巴，
美洲自由區，1962年2月4日

流浪者

南亞的殖民地的政權不同於衍生它的資產階級宗主國的國家政權，事實上是根本不同。這種不同存在於這樣一個事實當中：資產階級宗主國的統治建立在一種權力關係的基礎上，具有支配控制的特點，所以其統治就具有說服重於壓服的特徵；而殖民地國家的情況卻相反，殖民地的政權沒有支配控制力，在這裏的統治框架內，壓服重於說服……由於殖民地的政權不具有支配控制力，它也就不可能把被殖民地區的文明社會吸納進來。我們通過這些事實表明殖民地政權的特徵是不具支配控制力的統治。

古哈（Ranajit Guha）《不具支配控制力的統治》（1997）

無地狀態指的是一個人因為被驅逐而處於無地狀態。無地狀態意味着土地喪失，失去土地。你與土地的關係決定了你是否處於無地狀態。根據17世紀英國哲學家洛克（John Locke）的觀點，歐洲人認為游牧者從

來就不擁有土地，這就是為甚麼殖民者能夠宣稱對空地的佔有權。這就是為甚麼「原住民的土地權」這一概念具有如此超乎尋常的複雜性。在戰爭期間，在這一點上就出現了對立，不僅僅是兩類人的對立，也是認識論上的對立。正如批評家、法律歷史學家謝菲茨（Eric Cheyfitz）曾經十分有力地指出的那樣，歐洲人帶有一種與生俱來的財產觀念，一種擁有和佔有財產的觀念。這種觀念與那些不能被同化到這個系統中的觀念存在根本對立。游牧者在土地上游牧，與土地關聯緊密，但從不把自己與土地的關係變成財產或佔有關係。這是一種相當神聖的祖傳的關係。

法國哲學家德勒茲（Grilles Deleuze）和加塔（Felix Guattari）里曾經對土地的佔用過程以及從先前使用該土地的人——不論使用人是否擁有該土地的所有權——手中沒收土地的過程進行了概念化的歸納。他們稱之為「轄域化」和「解轄域化」。第三個階段是「再轄域化」，描繪了殖民主義或帝國主義粗暴地對本土文化所進行的經濟、文化和社會轉型，同時刻畫了通過反殖民運動成功地抵制「解轄域化」的過程。在後殖民國家還產生了其他的抵制形式：與政府進行富於戰鬥性的談判，比如無地農民運動，或者甚至是通過簡單地贖買而擁有土地，比如在美國中西部正在發生的事情。19世紀的殖民定居者通過國家的土地法而擁有了這些土地，後來部分是因為農業衰退，部分是因為土地本身並不如美

國政府所估計的那樣富饒，無法進行集約耕作，因而毫無實際價值，最終被拋棄了。

德勒茲和加塔里還從戰略的角度對游牧者的概念進行了進一步的界定。他們認為游牧者能最有效地反抗資本主義政府機構的控制。從西班牙到瑞士，歐洲關於吉普賽人或「旅行者」的報告都可以提供生動的例證。在過去的幾百年裏，各國政府就把這種永遠處於流動狀態的人群視為嚴重的威脅，認為需要對其嚴加干涉，使其穩定下來，才能對其加以控制。

德勒茲和加塔里認為，可以把流浪的意義延伸到包括了所有越過或是消解了當時社會規範邊界的文化和政治活動。更直白地說，流浪是一種跨越地區的遷移實踐，它單方面地跨越邊境，以此來藐視區域統治勢力所宣稱的控制權。「恐怖主義」現在正迅速地發展成為跨國的網絡體系，它是與流浪有關的典型政治活動的一個極端的例子。然而無地狀態提醒我們，流浪不能被簡單地頌揚為一種反資本主義的策略，理由很簡單，流浪也是資本主義自身的一個典型的野蠻特徵。資本主義歷史上發生的圈地運動，就曾迫使農村土地上的居民向着城市裏僅有的工作(如果有的話)湧去。在反殖民和後殖民的歷史中，流浪者不單指那些仍然保持着資本主義前期生存方式的人：過去的兩個世紀裏，流浪是數以百萬計的人不得不接受的生存狀態。無地狀態是全世界眾多農民群體共同關心的一個

中心問題，世界上有兩千萬難民，他們在物質層面上手無寸土，它們的政府也處於無地狀態——無國、無家、沒有土地。

一些西方後現代主義者曾試圖把流浪和移民描述為文化身份最具生產價值的形式，與認為身份源自身體對家庭和土地的附屬的觀點相反，它強調了身份的創造性作用。這對於四海為家的知識份子也許有好處，但對於有兩百五十萬阿富汗難民(約佔世界難民總數的百分之十二)的奎達、賈洛扎和巴基斯坦的其他地方的難民營來說，對於約旦河西岸，對於法國的現已關閉的桑加特難民營來說，這種後現代的「移民」身份又有甚麼好慶祝的呢？對於那四百六十名以阿富汗人為主的難民來說，這種移民身份又有甚麼好慶祝的呢？他們被關在挪威的一艘名為「坦帕號」的貨船裏達八天之久。在澳洲政府拒絕他們登岸後，他們又被送到了太平洋上的一個貧瘠的小島上，這裏是世界上最小的共和國瑙魯。這裏有三百米長的棕櫚樹帶和廢棄的磷酸鹽礦。他們在這裏登陸，每人手上抱着一個黑色的塑料垃圾袋，裏面裝着他們的物品。這有甚麼好慶祝的嗎？澳洲政府付給了瑙魯大約一千五百萬澳元，以避免這四百六十名難民入境(人均約三十六萬澳元)。

或許他們是幸運的，至少他們沒有被關進澳洲臭名昭著的伍默拉羈留中心。那裏處於沙漠的中部，離最近的城市也有三百英里遠，並且白天溫度高達

四十二攝氏度。2002年1月，被送到那裏的數以百計的阿富汗難民舉行了絕食抗議，其中有至少七十人縫住了自己的嘴唇，以引起人們對他們的苦境的關注。其他人包括一些孩子試圖集體自殺。一個十二歲的女孩告訴調查人員說：

> 我快瘋了，我割破了我的手。我不能跟母親說話。我不能跟任何人說話。我太累了。我沒有解決辦法，我只能自殺——無選擇。

伍默拉羈留中心是由澳大拉西亞懲教管理有限公司經營的，它是設在美國的瓦肯赫監管公司的一個分支機構。

困在洞中的人們

> 「我們會把他們熏出來。」
>
> 美國追捕阿富汗「基地」組織時
> 喬治·布殊（George Bush）的講話

1840年：巴黎

觀眾正成群結隊地前往法蘭西喜劇院觀看高乃依（Corneille Pierre）的《滑稽的幻想》。這部戲在很大程度上借鑑了莎士比亞（William Shakespeare）的《暴風雨》，它把劇情從加勒比海的一個小島搬到了法國的

某個山洞。高乃依援引了柏拉圖(Plato)的著名意象來說明他的觀點：我們所看到的世界上的一切——物質現實——不過是場虛幻，它掩蓋或偽裝了理念世界。柏拉圖為了說明自己的觀點，使用了一個比喻——人們站在洞裏。人們背對着外部的真實世界站着，他們所認為的真實世界實際上只是真實世界映在洞壁上的不斷變化的一些模糊的影子而已。在《滑稽的幻想》中高乃依為了喜劇效果而使用了這個比喻：整個舞台變成了山洞，觀眾代表真實世界。或者恰恰相反？劇中的主角普里德曼被音樂師阿康德的幻影所蒙蔽，在幻想中普里德曼看到了失蹤的兒子變成了富人，一副王子的穿着打扮。然而令普里德曼驚恐的是，在最後一場他看到了兒子被謀殺的場面。在極度絕望中，他又從幻覺中看到兒子似乎又活了過來，與那群謀殺他的人一起分一堆金子。阿康德告訴他實際上他兒子根本不是甚麼王子，而是個演員，剛才的那些不過是他在戲裏的表演。這樣，觀眾愉悅滿足地離開了劇院，高乃依高超的舞台技巧展示出一個充滿自覺意識的、令人信服的、鏡廳一般的假象。可是觀眾同樣也被騙了！富有魔力的舞台美學藝術、富有創造力的想像以及那種能使想像與真實相互轉換的能力，使觀眾在回到他們分佈在巴黎各處的安樂窩時，還意猶未盡。在夢裏他們還在津津有味地品位他們富於詩意的想像、普洛斯彼羅的虛幻盛典和「一場沒有結局的大戲」。

1840年：巴黎南部九百英里處，阿爾及爾南部的鄉村

　　他們排着隊在看不清邊緣的沙漠小路上緩慢地移動，腳踝被低矮灌木的小尖刺刺得通紅，然後又被沙土燙脫了皮。他們爬過陡峭的峽谷，終於找到了洞穴。他們很快走進洞裏。黑暗立刻裹住了每個人，洞中的潮氣隨着他們在冷空氣中的呼吸在鼻孔處變成白氣。眼睛逐漸適應了黑暗，他們開始在黑暗中看到了閃光和微光。山洞的表面閃爍着微光，熟悉的形狀漸漸浮現在他們的眼前。黑暗冰冷的洞穴讓人覺得潮濕，但這裏沒有明顯的水源。乾渴的喉嚨感到陣陣灼燒般的強烈刺痛，所以一些人向洞穴的深處走去，以便得到更多水汽，確實他們可以聽到某處微弱的滴水聲。其他人焦慮地回到洞口看看外面的地平線，看看下面的大地，看看頭頂的天空。甚麼都沒有，只有強風吹來和吹打稀疏灌木的聲音在他們的耳邊響起。他們又回到洞裏，這時他們發現其他人在生火，在找地方睡覺，有人已經睡着了。

　　他們醒來的時候，天還是黑的。天黑得甚麼都看不見。他們先聞到了一股煙味，然後空氣變得越來越嗆人。最年長的老人起來走到洞口。他向前走，但找不到出口。他踏着地上的碎石向上爬去，可是最後頭頂碰到了洞頂。洞口被封死了。濃煙像水一樣從石頭縫裏鑽了進來，變得越來越濃，越來越嗆人。他們的窒息過程是緩慢的，先是眼睛生疼，然後是呼吸困

難，肺部疼痛，而大口呼吸的結果是吸入了更多嗆人的濃煙。

比戈（Bugeaud）將軍承擔着征服阿爾及利亞的任務。法國入侵阿爾及利亞十年以後，局勢仍然動盪不定。比戈採用了擄掠、燒毀一切、鞭打和火焚的策略。所有敢抵抗或是被懷疑抵抗的人都被處決了。今天他追逐一個難對付的部落來到了這個山洞。他封死了洞口，然後往裏灌煙，要悶死洞裏的人。他在日誌中寫道：

> 我把所有的出口都封死了，這樣我造了個大墳墓。沙土最終會把這些盲信者的屍體埋住。沒有人下到洞裏去，沒有人……只有我知道這底下埋着五百名土匪，他們再也沒機會來割法國人的喉嚨了。

直到20世紀50年代，也就是一個世紀之後，與比戈的時代相比，這裏的一切都沒有甚麼變化。在阿爾及利亞獨立戰爭期間，法國人仍然為活埋阿爾及利亞人而歡呼雀躍，這時法國人使用的是推土機。

2002年：阿富汗

這篇來自英國廣播公司網頁的新聞講的是在阿富汗的美軍遭到了嚴重的抵抗：

2002年3月2日，星期六，格林尼治標準時間23：42

阿富汗的洞穴遭到了高壓彈的轟炸

在地面攻擊陷入困境後，美軍在阿富汗東部山區投下了兩枚破壞性很強的高壓氣浪炸彈，美軍懷疑該地區是塔利班和「基地」組織的藏身之地。

美國國防信息部門宣稱美國擁有兩枚重達兩千磅（九百零七公斤）的可以在洞穴產生窒息氣浪的「溫壓」炸彈，正準備把炸彈投向敵軍藏身的山洞。

美國在12月試爆了溫壓炸彈，美國官員稱炸彈將在一月內很快運抵阿富汗，用於清除反美份子沙特人拉登（Osama Bin Laden）。

激光制導炸彈的內部裝有特殊的爆炸混合物，可以產生高壓氣浪，把洞穴中的空氣推出來，從而使洞中的人窒息而死。

俄羅斯曾經在車臣使用過類似的燃燒空氣炸彈，並曾引發了國際抗議。

「一場沒有結局的大戲」

從1840年到現在，洞穴經常是西方對伊斯蘭世界的干涉事件的發生之地，那裏上演了「一場沒有結局的大戲」。活埋、鎮壓、引起窒息（把男人、女人和孩子們肺裏的空氣吸乾），今天這些已經變成了一個對殖民地本身進行鎮壓的隱喻——殖民地所需的空氣已被

吸乾。西方世界喜歡把這樣的時刻輕描淡寫地說成是「殖民遭遇」，如今窒息而死和殖民暴力已經成了回憶和紀念。

就在西方對殖民地進行殘酷鎮壓的同時，西方人還在繼續去劇院看戲。他們總說藝術與政治沒有關係。以美學來劃分世界是摩尼教的觀念，或者是殖民色彩和等級意識很強的二元觀念，革命心理學家法農在《全世界受苦的人》(1961)一書的開篇就對這些觀念進行了區分。法農說，它們的「美學表達遵從的是現已確立的秩序，在資本主義國家裏一大批德育教師、大學教授、顧問和『迷失方向的人』(即昏頭昏腦的人)總是把被剝削的人與掌握權力的人區分開來」。作為知識份子、藝術家、文化的消費者或生產者，你要麼與定了型的審美觀(這種審美觀加強了兩種人之間的區分)同流合污，要麼與其競爭，比如把劇院變成一個反抗的場所。

下面所有這一切都代表着後殖民批評中的基本思想的轉向：認識到維繫西方財富和利益的野蠻軍事力量與其美學生活相聯繫；認識到從另一個不同的視角去看待《所羅門寶藏》(1885)，洞穴恐怕就不一定會引發人們興奮的想像，或者從另一個不同的視角去看待《印度之行》(1924)裏的馬拉巴山洞，就不一定會引發精神和性文化的困惑，就會發現其中到處是窒息和殖民暴力的記憶。翁達傑(Michael Ondaatje)在《英

國病人》(1992)的結尾處描繪了凱瑟琳的死亡過程，她的死從反面表現了這種不和諧：在克比爾高原的歐維納特山脈的游泳者洞穴裏，石壁上刻着根據崇高美學思想畫成的古老人像，在這些畫像之下，這個英國女人在冰冷的黑暗中裹在降落傘裏躺着死去了，這個殘酷的歐洲戰爭的犧牲品在滿眼是沙漠的環境中演完了自己人生最後的角色。

我現在最感興趣的事情，就是建議大家關注這樣一個事實：「真正的」知識從根本上講是非政治性的(反之，具有太多政治內涵的知識則不是「真正的」知識)，這一自由觀點被人們廣泛接受，但卻忽視了知識產生於嚴密的政治情境之中(儘管很隱蔽)。今天，人們可以隨意地將形容詞短語「有政治色彩的」作為標籤不懷好意地貼在任何敢於違反所謂的政治客觀性協定的作品上，在這一時代即使認識到這一點也不會有甚麼幫助。

薩義德，《東方主義》(1978)

未決狀態：國家與其邊境

印度政府稱「印度外圍的邊界既不正確也不真實」。

印度地圖上的說明

除了邊境以外有沒有甚麼東西真正地構成了國家？有些「國家」沒有有形的邊境，比如加拿大境內最早的國家(那些北美洲的土著人寧願選用這個稱呼，

也不願意選用「第四世界」這個更常用的術語），再比如「伊斯蘭國家」（這個「國家」可以在某種程度上管轄它自己的邊境）。邊境限制了國家的疆域，在一定的空間內，國家的基礎設施、政府、稅款征收體系得以運行。國家是一種合作組織，邊境的存在使其他國家認可其為一個國家，國家派出外交代表，參與到全球的國家團體中來。這個國家團體是一個沒有公共價值觀的團體。

地球上的疆土分佈就像是一幅由許多國家組成的鑲嵌作品。或者說是由許多政權組成的鑲嵌作品？是甚麼使一個政權成為一個國家？政權和國家必須合二為一嗎？政權的問題是，是甚麼使其權威合法化了（擁有天授神權的君主除外）。1789年法國人發現，國家的觀念以一種理想的方式履行着這一功能。國家如同一個巨大的公司，國家的公民別無選擇地歸屬於它，就這樣，國家變成了一個真空地帶，潛在的各種形式的認同都可以填充進來，比如種族、宗教、語言、文化、歷史和土地，那麼是甚麼使你成了你的國家的一部分呢？

人們過去常常這樣假設，要想成為真正的國家，那麼它的人民應該盡可能相似。如果一個國家的人民外表不同、語言不同、宗教不同，那麼這種不同將會威脅到這個國家的「想像的共同體」（這一概念最早是由政治理論家安德森（Benedict Anderson）總結出的）。

有許多人，許多種語言，許多種文化為此受到了國家的壓制。美國這個移民國家在解決如何使萬眾歸一的問題上作了有趣的嘗試。首先，美國的每個人都有一個共同點，那就是，他或他的先人都是作為移民來到此地的，當然令人難堪的是，這並不適用於美洲大陸的土著人，他們為了給新來者騰出地方居住，或者被驅逐或者被滅族。其次，與大多數國家不同，事實上美國與其舊帝國的情況又非常相似，那就是美國大片的陸地是獨立存在的，並不與別的大陸相連，而是分佈於其他國家和大洋之間(這可能就是為甚麼美國人在所謂的世界聯賽中使用「世界」這個詞來代指美國的原因)。美國與土地、歷史、文化缺乏傳統聯繫，這可以解釋為甚麼美國要從其自由政權的意識形態(民主、自由、自由經營的資本主義)中衍生出一個使其與眾不同的身份，為甚麼美國不得不創造出一些被妖魔化的、據說對其生存構成威脅的敵人(這些被妖魔化的敵人相繼是：巫師、中國移民、共產主義、拒絕說官方語言英語的西班牙裔美國人、說黑人英語的非洲裔美國人、非洲殺人蜂、伊斯蘭教……)。這些敵人讓不同的美國人感受到了集體的威脅，並使大家團結一致起來。

美國的這些共同的價值觀都從在美國各地飄揚的美國國旗上體現出來了。美國國旗隨處可見，任何可以想到、可能的甚至不可能的地方都插有美國國旗，

例如門前的草坪、車窗、建築物的側面、公司網站。美國的意識形態表現為共同的生活方式，這些生活方式使美國凝聚在一起成為一個國家。壟斷資本主義的擴散使大多數美國的城市極為相似。美國不僅有遍及世界各地的麥當勞，還有沃瑪、JC Penney 百貨零售公司、維益公司、Chick-fil-A 快餐連鎖店、鄧肯甜甜圈、IHOP烤餅連鎖店、Friendly's 餐飲公司、史泰博辦公用品公司、Office Max 辦公用品公司等。在美國，無論你走在哪條路上你都能知道你在哪兒。正是因為美國人的生活是如此一致，所以從20世紀60年代開始美國社會開始容忍少數族裔的人們宣揚身份的不同，但這種容忍有一定的限度，這樣一來任何居於美國的人都不得不被吸納進來直至最後變得與「美國人」一致。然而，在美國有一種不同是顯而易見的，那就是經濟上的不同：美國有許多富人，也有許多窮人，事實上有許許多多的窮人。堅持不同的文化掩蓋了一些裂痕，但是也成功地使人們對貧富差距習以為常。

是的，這種國民身份的同質化在美國很成功。它確實允許了某些種類的差異存在。後殖民政權的錯誤在於，它選擇了德國浪漫主義時期提出並被德國納粹政權所採用的國家理論，並把這一理論作為建國的唯一方式：國家由語言、歷史、文化和種族相同的民族構成。雖然此種模式有利於鞏固政權，也有利於在反殖民運動中實現共同的目標，但是在獨立之後，用國

家監督的手段穩定和強制推行這種模式，在總體上會導致災難性的後果。民族主義具有兩面性：獨立前是好的，獨立後則變壞了。這種矛盾則意味着後殖民主義本身可能被當代各種各樣的文化民族主義挪用，儘管這與其理論初衷相悖。

印度的印度教復興運動以重回古印度文明黃金時代的思想為指導，堅持對希望獨立的少數民族地區擁有不可剝奪的主權(顯然包括印控克什米爾地區，還包括印度整個東北邊界的那些「限制區域」，這些區域不被列入給外國人發放的旅遊簽證的範圍之內)。印度教復興運動是新近的民族運動，它要實現的是源自19世紀德國的民族單一化理念的民族同質化幻想。如果你對這種關聯有疑問，那就問一問為甚麼新近印刷出來的希特勒的《我的奮鬥》能在印度北方和馬哈拉施特拉邦的大街上到處售賣。同質化的目標就是要實現印度化，就是要建立一個印度教國家，一個純粹的印度教國家，而這樣的純印度教國家將會把少數族裔人口，比如穆斯林或基督徒消滅或者排除在外，並且同時把達利特人(賤民)和原住民(部落)永久歸於其種姓等級制度之內。印度教復興運動想學鄰國斯里蘭卡，並仍然緊抓着內戰後冷酷的同質化不放手，但是，在實踐上，這個排他性的運動——「只有僧伽羅語」運動最初是在1956年班達拉奈克(S. W. R. D. Bandaranaike)在全民普選勝利之後被用來對付泰米

爾人的。西方人總是想當然地認為，西方的民主體系一定是適用於世界上任何國家的最好的政治體系。然而，在許多國家有着截然不同的民族，在這樣的國家裏個人湮沒於佔絕大多數的人群之中，民主會變成一種被大眾以民主方式認可的暴政與壓迫。在這樣的國家，少數人沒有合法的政治渠道去反對多數人的暴政。你自己數數看有哪些國家。

然而，這些壓制性的民族主義計劃並不必然產生於內部。正如安德森所指出的那樣，民族主義通常是由那些離開了國家的人所創造的。這些人過着安逸、富足的流亡生活，熱衷於在一個遙遠的未來重建那種被他們理想化的過去的輝煌。這難道不是邊境之外的流散民族在建立一個國家嗎？思鄉懷舊的文化思想是全球化影響的結果，它使得那些遠離故土但又從來不接觸國家日常生活現實的人產生了這種思鄉懷舊的文化想像。據一份2002年發表的廣泛引證的報告統計，印度教復興運動在印度的燎原之勢與印度過去幾十年中大多數的教派暴力行為有關，而其資金大量來自一個位於馬里蘭州的美國慈善機構——印度發展救濟基金會，儘管美國法律禁止這樣的慈善機構參與政治活動。就這樣，這些來自美國的、沒有住在印度的印度人花錢使過去理想化的輝煌與現存的印度政府以及非政府組織的暴力產生了聯繫。單一民族觀必將帶來種族主義和褊狹，使得後殖民時期的知識份子，特別是來自印度的知識份子對國家有着不同

的想法。他們支持另一種對國家的解釋，主張國家不是發端於它理想化的過去，而是發端於它的現狀，他們關注的是國家作為一種壓迫力量是如何行使其權力的。這意味着他們需要從碎片的角度對後殖民或後帝國主義國家進行思考。所謂碎片就是指那些不能被輕易地歸入某一國家的人或部分，他們存在於社會的邊緣和外圍。他們又構成了國家理解自身的一個渠道。

國家常常被理想化成一個女性的形象，民族主義的意識形態常常賦予民族核心以理想的、男性眼中的理想化的女性形象。但當這樣的事情發生時，女性，如伍爾夫（Virginia Woolf）筆下的女性卻沒有了國家。女性、難民、尋求避難者……整個20世紀女性通過建立跨國組織，一直在為反對父權民族主義而奮鬥。1917年推翻俄國沙皇的起義就是以國際婦女節的示威為開端的。支持女性參政的著名人士潘克赫斯特（Sylvia Pankhurst）成了1920年在莫斯科召開的第一屆國際勞動婦女大會的代表中的一員。如果說20世紀上半葉的許多國際婦女運動和工會運動是在蘇維埃共產國際的框架內組織起來的，那麼之後幾十年裏婦女運動的壯大則是由聯合國婦女十年領導的（1975年到1985年）。許多跨國婦女運動都是那時在聯合國的框架內發展起來的，其中以國際婦女同盟最為著名。許多其他婦女組織也獨立發展了起來，比如新時期婦女發展選擇（在拉丁美洲、加勒比海、亞洲等地設有分支機

構），還有生活在各種伊斯蘭教律法下的女性國際團結網絡委員會，還有地中海婦女聯合會（其成員主要來自非洲北部和地中海東部地區）。跨國運動與抵抗運動的跨國聯合在整個20世紀都是應對父權民族帝國主義最有效的方式。

抵抗殖民壓迫或國家壓迫的最好方式就是突破邊界的限制，向外擴展。

一些國家試圖把自己的一些碎片清除出去，而另外一些國家卻是由碎片組成的，比如印度尼西亞就是由荷蘭人、日本人和爪哇人從不易控制的多樣性中建立的，這種多樣性現在仍不時威脅到國家的完整。有的國家每天都在生死邊緣徘徊，比如巴勒斯坦就是這樣。《奧斯陸協議》簽訂之後巴勒斯坦的地圖就像一個多雲夜晚的天空。如同分散的星星之間存有大片空隙一樣，數以千計的印尼島嶼之間是空曠的大海，巴勒斯坦地圖上的星星之間是軍事檢查站和由以色列控制的地區。

這些由零星的土地組成的控制區嚴格地講能說是國家、政權和祖國麼？這幅地圖使人回想起早期的殖民政權：南非種族隔離時期的班圖斯坦，那塊小小的黑人居住地就是他們所謂的獨立的「黑人家園」。

牆

多數國家依賴封閉的邊境。如果邊境處於開放

的、可滲透的狀態，那麼這個國家的人就不容易被控制。他們可以離開，別人也可以非法進入：向外的移民、向內的移民和不受歡迎的入境。現代政權的功能具有矛盾性：一方面對邊界實行嚴格控制，另一方面又寬容甚至暗地裏鼓勵勞工非法移民——這些勞工是沒有權利可言的。

因此，人們總是劃出邊界，建起高牆。結果是我們總是被牆所包圍。人們住在牆內，牆上有門，人們由門口進進出出，通過窗戶向內外張望，打開窗戶呼吸新鮮空氣，感受夏日的和風。

一些人被拘禁在牆內。軍營、監獄的大牆限制了他們的自由。美國稱之為「生活在門裏面」，南非稱之為屏障。

一些人被關在牆的外面。有許多牆的地方就沒有了家。有些牆是沒有窗戶的。這些牆從鄉村延伸到城市或曲曲折折地穿過城市，成為阻止人和物出去的阻礙。這是自由主義的界限，為了保衛政權而建。

世上有虛擬的紀念牆，比如越南老兵紀念牆，上面就有士兵的「自由之臉」。點擊索引中的一幅照片就會看到這個人完整的紀念網頁。看着他們那一張張燦爛的笑臉，讀着他們的家庭信息，就會感覺到他們自以為在保衛國家時，付出了沉痛的代價。築建樊籬古已有之。中國人修建長城抵禦北方游牧民族。羅馬人修建哈德良長城抵禦皮克特人。為加強《英國鹽税

法》在印度的實施，從旁遮普邦的萊阿到馬哈拉施特拉邦邊境的布爾漢普爾南部建起了一堵大牆，這堵大牆最終在1930被甘地領導的「食鹽長征」運動徹底地破壞掉了。澳洲人修起了遍佈鄉村的防兔柵欄，既為了防止野兔遷移，也為了防止偷來的澳洲土著人的孩子潛逃回家。柏林牆在非正常的情況下把柏林這座城市分為兩半，把人們擋在了牆的兩邊。現在正在約旦河西岸修建的牆和柵欄橫穿過巴勒斯坦的農場，把以色列的非法定居者與懷有敵意的巴勒斯坦人隔離開。

邊境城市都面臨着巨大的移民偷渡壓力，特別是處於第一世界和第三世界的直接接觸點上的城市，比如西班牙在非洲大陸北部的兩塊殖民地休達和梅利利亞。就像加勒比海的馬提尼克一樣，它們是歐盟的一部分，這兩個城市利用布魯塞爾提供的資金，建起了高十英尺的柵欄，配有帶刺的鐵絲網和電子感應器，頂上還有紅外線攝像頭。但來自摩洛哥、阿爾及利亞，特別是西非的移民仍然試圖爬進來。許多是孤身一人的孩子。如果被抓，西班牙當局會把孩子放在滯留中心，而他們在那裏經常遭到虐待，然後被非法地遣送回摩洛哥，接着又被摩洛哥警察毆打虐待，最後在深夜被扔到陌生的街道上。許多人不願冒被卡在鐵絲網上的危險，而是寧願花大價錢冒險乘坐不結實的小船，就是被稱為「帕特拉」的小船，在大浪翻滾的大海上航行九英里偷渡到西班牙。沒人知道有多少人

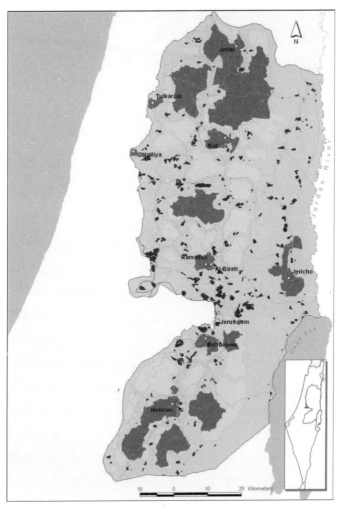

圖10　「巴勒斯坦的班圖斯坦」：《奧斯陸協議》簽訂之後的約旦河西
岸地圖。

淹死在了偷渡的路上——也許一年大約有一千到兩千人。來自歐盟的壓力迫使西班牙政府現在不得不花一億兩千萬美元安裝一套雷達系統，這就等於在直布羅陀海峽建起了一堵電子牆。這樣移民又不得不選取更危險、更漫長的路線來跨越這一水域。

墨西哥的蒂華納市依靠其邊境城鎮的優勢，實現了相對的繁榮。革命大道長長的道路標線在美國隨處可見，可是這裏的顏色不同，這就可以告訴人們這裏就是蒂華納市。與加利福尼亞州的清淡柔和相比，這裏的色彩絢麗得肆無忌憚。在主要的交通路口，薩拉族人開的紅黃色的商店正對着天藍色的龍蝦俱樂部，俱樂部面對着「酒吧、燒烤、跳舞」這幾個亮紫色的大字，與藥店的粉色和紅色相對。在這個邊境城市，一個內外顛倒的城市，除了西班牙語，任何語言都可以講。夜半時分在城市的外圍，想要偷渡的年輕人聚集在萊維河的河岸。「守門人行動」成功阻擋了他們向外偷渡，關着的門使得人們像瘋了一樣奔跑，偷渡者飛快地穿插於5號州際公路的車流中，以躲避邊防檢查，因為情況太危險，衛兵不會追趕他們。或者他們會游過里奧格蘭德河，如果被在得克薩斯州鷹坳巡邏的當地的義務警察逮住，那他們又將在槍口下受到粗暴的對待。這些人實際上只是想溜回到曾經屬於他們的土地上，而現在他們被排除在自己的土地之外。邊境最繁忙的部分是因皮里爾海灘。

《邪惡的接觸》這部電影中有這樣的場景：汽車整齊地沿着大街排下去。電影大膽地以一個著名的三分鐘長的攝像機跟蹤拍攝鏡頭開篇。鏡頭移過散落在黑暗中的四塊霓虹燈閃耀的區域，移向墨美邊境，產生了一氣呵成的效果。鏡頭過渡自然，毫無痕跡，人們之間沒有邊境——無邊境的滲透。一個有錢的美國人旁邊坐着位金髮碧眼的女伴，他開着一輛大型敞篷車通過邊境檢查站進入美國。一會兒車爆炸了。

第四章
混雜

籟樂和伊斯蘭的社會空間

本書的大部分是在充滿韻律和活力的阿爾及利亞籟樂的激勵之下而寫成的，同時在我寫作的過程中，也不時地被這種音樂所打斷。本書最理想的讀法是，伴隨着《查不拉斯》、《格溫德茲媽媽》或者《瓦萊奇》的粗獷而強烈的打擊樂旋律，一邊聽着「切伯」哈立德（Cheb Khaled）、雷米提（Cheikha Remitti）和海姆（Haim）的歌聲一邊閱讀。阿爾及利亞的成年男人、女人和孩子親歷了令人震驚的阿爾及利亞獨立戰爭，飽受了戰爭的煎熬。在他們奮力捍衛國家主權的過程中，法國人屠殺了一百五十萬阿爾及利亞人。法國在19世紀用帝國主義的軍事手段控制了阿爾及利亞，佔領了這一塊熱土，但生活在這裏的人永遠不會屈服。20世紀70年代在阿爾及利亞，籟樂的出現特別令人振奮。籟樂常被描述為原始的、粗獷的和粗陋的，同時它也是驕傲的、堅定自信的和充滿激情的。歌手們帶着一種難以想像的憤怒讓自己沉浸在節奏之中，同時這種憤怒也給籟樂增添了獨特的活力和激情。

> 它是非常有力的東西，這種有力確實超出了我的解釋能力。站在舞台上，我不會撒謊。我在舞台上會奉獻出我靈魂中和精神中所擁有的一切。
>
> 雷米提，2000年

籟樂始於1962年阿爾及利亞獨立戰爭後第一代人口的爆炸性增長時期，形成於20世紀70年代後期。這時那一代的歌手們開始創作他們自己的具有動感形式的籟樂，比如薩赫羅伊(Sahraoui)、法德拉(Fadela)和「切伯」哈立德等。這種音樂接近於西方的搖滾樂，受到自我表達的雷蓋音樂*和美洲黑人藍調音樂的影響。籟樂的出現也與阿爾及利亞人整體向城市移居有關係，在這層意義上標誌着一種融合的音樂形式的出現，這種形式記錄着現代經濟發展的需要。但這種音樂的產生不僅僅是一個融合、綜合或互相混合的過程，人和文化的流動不可能像資本那樣順暢無阻和一成不變。事實上，籟樂產生的社會背景根本就不是單一的，而是涵蓋了產生它和消費它的阿爾及利亞社會各個層面的競爭關係。在某種程度上，籟樂也可以說是一個考慮複雜文化關係和現代力量的主要的隱喻。

首先，籟樂不能輕易地用普通的詞彙描述清楚。它是流動着的、變化着的，它一直在改變着自己的功

---

* 一種始於20世紀60年代中期的牙買加民間音樂，後與非洲、北美洲的流行樂和搖滾樂相結合。

能、地點、樂器和聽眾。籟樂作品經常是隨意的，為了適應具體的需要它可以輕易地改變自己。籟樂的即興特點則意味着它永遠不會是固定的，它總是靈活多變的，可以把新的音樂因素融入進來。在一定程度上可以説，籟樂是「馬爾訇」———一種阿拉伯馬格里布地區*的傳統音樂的現代化的版本(不過也有人説，在這一過程中不可避免地存在某種墮落的因素)。「馬爾訇」是一種由當地有學識、有教養的宗教人士(當地人稱為「教長」)吟唱詩歌的傳統表演形式，演唱者總是享有很高的藝術地位。然而，在許多方面，籟樂更多源於更具超前意識和震撼力的女歌手的低俗歌曲。阿爾及利亞獨立以前，這些女歌手會迎合公共酒吧和妓院這樣的男性場所，她們會在這些地方演唱，同時也會在婚禮、宴會甚至宗教節日裏表演。被授予「籟樂皇后」頭衔的了不起的雷米提也是以這樣的歌手身份開始其音樂生涯的，並在精神上也永遠保持着這種身份。其他的一些籟樂女歌手開始以演唱宗教歌曲的女詩人的身份公開亮相。她們在專門為女性舉行的聚會——比如割禮或婚前的刺青儀式上歌唱，既唱宗教歌曲也唱通俗歌曲。

作為一種音樂形式，籟樂最早起源於阿爾及利亞西部的世界性港口城市瓦赫蘭(奧蘭)獨立之後。籟樂最初發展非常迅速，尤其從20世紀70年代中期開始，

---

* 　一般指地處北非的突尼斯、阿爾及利亞和摩洛哥三國。

年輕的「切伯」〔像梅弗塔(Cheikh Meftah)、倫卡維(Cheikh Djelloul Remchaoui)這樣的男歌手〕或「恰波」(女歌手)在歌舞表演會或婚慶上演唱，並創作出了反映當時政治和文化形勢的激進而又忠實的新歌。「切伯」和「恰波」這樣的稱呼是觀眾給他們的，或者他們也這樣稱呼自己。這也把他們與傳統的歌手區別開來，並暗示他們的觀眾都是年輕人，他們的社會和藝術地位比較低，但也表明了他們創新的現代音樂風格。從音樂的角度來看，籟樂的部分內容來自貝都因的教長演唱的歌曲——傳統的貝都因人的傳統，部分來自更現代的瓦拉尼音樂。瓦拉尼音樂在20世紀30年代已經在城市中發展起來，它由北非的古典城市音樂「馬爾訇」和「安答盧斯」發展而來。瓦拉音樂已經開始由傳統的阿拉伯音樂形式轉向現代批量生產的音樂和電子樂器。它開始的演奏使用了手風琴，後來受到了來自摩洛哥傳統音樂和埃及(尤其是「東方之星」烏姆·庫勒瑟姆(Umm Kulthum))的舞蹈和婚禮音樂的影響。現在瓦拉尼音樂和西方的搖滾、迪斯科、爵士樂、西非音樂相結合，同時還融入了更遙遠地區的歌曲，比如拉丁美洲和寶萊塢的音樂，可見它的音樂來源還在不斷擴大之中。

籟樂的表演者最初使用的樂器是當地特有的樂器。這些樂器有阿拉伯琵琶這樣的弦樂器，有蘆笛這樣的管樂器，有小手鼓這樣的打擊樂器，還有風笛單

音管、響板和各種各樣的鼓，同時還有小提琴、手風琴和喇叭。然而在最初的時候，一些音樂家比如卡達和巴巴兄弟，就用西方的電子樂器創作了「電子」籟樂。同樣，用語言學的術語來講，籟樂是用本地方言演唱的，不過這種方言帶有從西班牙語、法語和阿拉伯語引借來的俏皮話和鮮活的隱喻。技術的使用使籟樂得到了迅速發展，例如在某些方面，它的現代形式的興起適應了聚乙烯唱片之後當地盒式磁帶錄音工業發展的需要。盒式錄音機的發明第一次使當地企業掌控了音樂的生產。籟樂在國際上的成功大部分要歸功於阿爾及利亞的生產商和中間商，還有法國人。他們把自己在錄音棚中的需求和喜好強加在音樂的表達形式上。只有從這些機器中生產出來的音樂才是「正宗的」籟樂。它在國外無線電台的不斷播放中得到了發展，最初是在摩洛哥和法國。儘管這些商業運作模式在阿爾及利亞受到了批評，可與此同時，這種新的運作形式卻使得音樂作為一個獨立的形式和力量出現了。它打破了阿爾及利亞音樂文化和社會文化中已經形成的慣例。因此無論是在字面意義上還是在比喻意義上，它一直是多軌跡發展的。

「籟樂」一詞的字面意思是「一種看法」、「一種觀點」、「一種看待事物的方式」，同時也指「一種目的」。籟樂堅持自己的觀念，堅持自己的顛覆性的權力欲，就此而言，籟樂包含了許多後殖民主義的

基本特徵。籟樂的音樂文化初期表現的是那些發現自己生活在社會邊緣的人，還有那些從農村湧向城市的移民——他們的財產被剝奪，住房條件簡陋，處於失業之中。隨後，籟樂的音樂文化很快從對邊緣問題的關注轉向對阿爾及利亞社會中年輕人的主要表達方式的關注。籟樂在阿爾及利亞和北非的流行速度證明它得到了以前從未有過的認可。它很快就被認為是「人民的語言」，甚至與激進的伊斯蘭政黨——伊斯蘭拯救陣線的政治信條產生了根本性的聯繫。籟樂的吸引力在於它通過批量生產的流行模式，從邊緣的視角入手，重新整合受到認可卻被破壞的元素。籟樂歌手從廣泛的現存文化形式中汲取各種音樂元素——神聖的、世俗的、經典的、流行的元素，把它們從傳統中解放出來，並用新的文化語言把它們表現出來。在形式上，籟樂歌手援用一系列複雜的、可以自發創造和更新的文化符號，表達他們與周圍世界的抵觸和矛盾。這樣的關係正迅速地隨着經濟的發展而變化着，但是又被僵化的社會結構所禁錮。籟樂站在敵對的兩者之間，一面是對傳統的穆斯林價值觀的現代解釋，另一面是對穆斯林社會的歷史變化力量的抵抗。

這些籟樂不一定能提供一條契合政治和思想意識發展的向前的道路，但是它們表達了一些人的情緒。這些人發現自己正處在阿爾及利亞社會的混亂時期，處在與社會合法形式相對的另一邊。籟樂之所以流

行，是因為它成功地為認同提供了基礎。許多人會立刻產生這樣的認同，尤其是那些「支撐起牆的人」，他們在剛剛成年時都經歷了失業、煩躁無聊和對政府所寄希望的幻滅。在政治上，籟樂像很多後殖民的文化形式一樣，首先要把問題和存在問題的社會表現出來，它是通向可能的解決方案必須經歷的第一個階段。

> 我把我的事業分為三個階段：78轉唱片時期、45轉唱片時期和盒式錄音帶時期。在所有這些時期裏，我的歌聲一直在表現着生活中的普通問題——社會的問題，是的，是反叛。自十五六歲起，我看到的問題都是些普通的問題。我還沒有把它們都列舉出來。唱歌是一種觀察和反映。籟樂一直以來都是一種反叛的音樂，一種前衛的音樂。
>
> 雷米提，2000年

　　這種混雜的樣式告訴了人們一些關於當代社會問題和社會矛盾的狀況：它在表達着自己的政治想法，甚至在表達着一種不可表達的狀態——沒有快速的解決方法，或者很可能根本就沒有及時的解決方法。就像後殖民主義自身一樣，它首先提供的不是解決方法而是挑戰，並且允許自己的觀眾用他們自己的思想來解釋音樂所創建的新空間。它還沒有達到用完整的形式來表達自己的意思的程度，而只是在對話過程中創

造並建構新的意義。像後殖民主義一樣，它在一個正經歷變革的、被破壞的社會背景中，抒發表達着原始的、粗獷的、低俗的社會與性別間的張力，這種社會背景再也不是一個完整的民眾社會。因此它受到了批評，有人認為它缺少尊重，政治觀念不純——就籟樂的情況來說，認為它的語言低俗。出於同樣的原因，有人認為籟樂給聽眾和表演者造成了分裂性的、不穩定的影響，所以它在受到讚揚的同時或許也受到了批評——換句話說，它產生了預期的影響。

> 陰險的籟樂，你讓我改變了我的軌跡，你讓我丟失了我的家園。
>
> 「切伯」哈立德，《非此即彼》

顯而易見，籟樂所做的是，通過音樂再現一些社會張力，鼓勵自我表達和認同。籟樂表達了這些社會張力，尤其是顛覆性地借用了傳統的教長形式，來抵制來自商業性的西方搖滾樂中的電子聲。搖滾樂表達的是傳統文化形式與對西方的渴望之間的矛盾。在那個時期，籟樂沿用着具有阿拉伯特色的優美音調和旋律來拒絕西方音樂形式的影響。例如，西方音樂嚴格遵守着樂譜中的半音，而阿拉伯音樂則在四分音和八分音之間靈活地移動着，沒把自己局限在特定的音程中。它以一種平衡的獨創性的節奏模式區別於節奏性

很強的音樂——只有20世紀50年代以來的爵士樂在獨創性方面與阿拉伯音樂稍微有些相似之處。這兩種音樂都強調，音樂是由音樂表演者即席創作出來的。歌手們以同樣的方式將傳統的歌詞和疊句與對特定社會環境（他們的聽眾）的表現聯繫在一起。在歌曲中，他們表達了可識別的本地主題，隱約提及了不倫之愛發生的場所，例如森林，還提到了家庭和神聖之所。就這樣，籟樂建立了一個媒介，可以同馬格里布地區經歷的日常形態和困難進行對話，而籟樂正在從當前的社會生活中獲得其本身的意義。籟樂的意義是通過表演來確定的。籟樂既不代表一種對新的文化身份的找尋，也不代表一種新的文化身份的創建，它只是一個過程當中的一部分。在這一過程中，與文化身份有關的新觀念以一種前所未有的挑戰方式登上了舞台，被人們爭論和商議。

1962年阿爾及利亞獨立時，政府對阿爾及利亞音樂的最初態度是保護傳統的「安答盧斯（andalus）」文化（這種文化主要是阿爾及利亞的精英們所欣賞的），而對盛行於街頭並把傳統和現代流行形式結合起來的籟樂所採取的卻是擯棄的態度。然而從20世紀80年代中期起（籟樂在國際音樂中嶄露頭角之後），政府的態度發生了戲劇性的轉變。籟樂開始受到國家官方渠道的支持，民族解放陣線的領導精英們促進了籟樂音樂會的舉辦。這時，籟樂作為民眾的一種表達方式，開

始受到伊斯蘭世界的更激烈的反對，伊斯蘭拯救陣線公開譴責籟樂宣揚的是道德腐敗。1994年10月在最著名的籟樂歌手之一——「切伯」哈斯尼被暗殺後，許多其他的歌手開始四處避難。但具有諷刺意味的是，他們的避難地是法國。儘管1988年國內戰爭爆發，伊斯蘭政黨的統治日趨穩固，但是籟樂依然是阿爾及利亞的青年人喜歡的主要的流行音樂形式，它繼續緩和着他們矛盾的心理：既對西方懷有興趣，同時又受到了伊斯蘭文化的強烈吸引。

自20世紀80年代中期開始，籟樂在法國的地位也得到了提升，而且在馬格里布地區，同時還在法國、西班牙及其他地方的北非群體中得到了廣泛的傳播。它是所謂的「世界音樂」最早的代表之一。「世界音樂」這個概念出現在20世紀80年代後期，經常被描述為一種「融合」音樂。它將西方元素(搖滾樂和爵士樂)與本土音樂中的和聲、節奏和獨特的發聲相融合。融合是全球化現象的一個標誌。在全球化的過程中，交流的文化渠道已經通過技術對所有人開放。這種技術很容易就能使不同的音樂聲音產生交叉——準確地說，實際上就是使用音樂合成器。在一些情況下，有人認為這些元素融合在一起成為了新的混合模式，這種簡單的想法可以說是準確的。一些籟樂歌曲，比如海姆的歌曲《瓦萊齊》可以同時出阿拉伯語和法語兩個版本。令人驚奇的是，表面的同質化的趨勢可能導

致非常具體的地方性的形式。例如，來自阿爾及爾的籟那籟樂，它在聲音上明顯不同於最早出現在瓦赫蘭海岸沿線上的那種傳統的、世俗的或流行的籟樂形式。

與籟樂在阿爾及利亞社會中的多樣而模糊的形象相比，籟樂在向西方展現自己的過程中，總是在講述一個熟悉的故事——西方總是想聽到的一些關於其他文化的故事。這些文化根據與西方非常不同的行為標準行事和規範自己，同時也抵抗與西方經濟和思想意識模式的融合與合作。正如法國和世界上其他媒體所報道的那樣，籟樂已經成為西化的阿爾及利亞青年表現反叛的形式；它被視為反抗傳統、提倡自由和現代性的第二次後殖民戰爭；它是當前的阿爾及利亞政體下反對社會僵化和貧富差距過大的一種革命形式；同時它也成為阿爾及利亞青年反抗伊斯蘭文化束縛的一種世俗反抗形式，至少打破了社會和宗教在性、酒和毒品方面的禁忌。籟樂歌手被描繪成立志宣揚自由個人主義的放蕩不羈的反叛者。這種個人主義效仿了西方的商業個人主義，使他們與世界上的反叛流行樂偶像〔比如詹姆斯·迪恩(James Dean)〕結成同盟，還與朋克、說唱和雷蓋音樂結為同盟。正如籟樂歌集的唱片封套上所寫的那樣：

籟樂歌星們……喜歡說現在是甚麼時代。他們不喜

歡在宗教和政治問題上浪費口舌。籟樂崛起於80年代的阿爾及利亞西部的奧蘭市，籟樂在這個難以尋找到美好時光的地方慶祝着它的美好時光。性、毒品、籟樂和搖滾是連在一起的，執政勢力說阿爾及利亞青年漸行漸遠。在野勢力則稱阿爾及利亞的宗教激進組織伊斯蘭拯救陣線和軍政府聯合起來一起反對籟樂為爭取自由而進行的奮鬥。

在這裏，籟樂已經同西方青年文化的規程相吻合。但是，這種文化需求不容許籟樂通過政府(如阿爾及利亞政府)的幫助搞積極的宣傳活動。在為迎合法國和英國而生產的唱片中，音樂本身已經有了變化以迎合西方人的品味。1992年美國音樂家們在洛杉磯為哈立德錄制了歌曲專集《哈立德》(他在標題中去掉了「切伯」的稱謂，這就正式標誌着他向西方的轉變)。籟樂中風格鮮明、十分靈活的三拍節奏(也就是三連音，在演唱中歌手們經常在第一個重音後就自由地即興發揮)，現在已經被機械固定的西方迪斯科的四拍節奏所取代，並且還加入了一種可識別的西方風格的合唱。同時，哈立德的聲音似乎不夠平滑，他用一種獨特的、與之前不同的嘶啞聲喊唱出阿拉伯語，其歌聲似乎同另一個空間的節奏和暫時性共存。音樂的商業化進程也同樣被西化了：籟樂在阿爾及利亞自發地產生於一種流動的共享資源，每個人都可以隨意改動；

雷米提和其他人演唱的那些老歌並沒有被認為是任何人的私有財產，而哈立德的唱片公司卻在法國為哈立德註冊了版權，就好像之前他在阿爾及利亞錄製的歌曲都是由他創作的一樣。當然，籟樂沒有經過任何修飾就在西方流行起來也是不可能的，這就像西方音樂不經過改變就不可能在馬格里布地區流行一樣。此外，就像人們指出的那樣，籟樂本身是一種複雜而多變的音樂形式，它既靈活而且適應性依然很強。當阿爾及利亞歌手越來越多地演唱伊斯蘭教意義上的「純潔乾淨的籟樂」時，哈亞特(Johanne Hayat)或馬里克(Malik)的「法式」籟樂在阿爾及利亞也大受歡迎。與此同時，在西方，籟樂不僅僅只是為特定的西方流行音樂市場而設計的，它一直也受到流散在法國、英國和北美的北非社群的影響，這些人的要求與西方人的要求截然不同。

圖11的CD封面中所傳達出的一些關於籟樂的思想內容遠比唱片封套上的介紹要重要得多。籟樂充滿動感、活力和陽剛之氣，並與街頭阿爾及利亞年輕人的日常生活息息相關，與伊斯蘭教持續保持着積極的關係。這可以在唱片封面右下角重要的禱告詞「奉至仁至慈的真主之名」中得到體現，右下角的這句結束語說明並呼應了整幅圖畫。這樣的蒙太奇展示出了籟樂本身包含的社會和宗教中的一些可視的東西。籟樂經常被描述為「混雜」。事實上，它包含了許多特點，

這些特點是後殖民寫作中的「混雜」一詞想要概括的。像籟樂一樣,混雜並不僅僅只包含單一的過程,儘管它有時候可以用難以想像的抽象術語來討論。這些術語與文化構成和文化競爭的動態空間毫不相干,就像在籟樂中所體現的一樣。根據文化、經濟和政治的特殊需要,混雜可以同時以不同的方式發揮作用。它包含着許多相互作用的過程,這些過程會創造出新

圖11 籟樂彙編CD的封面,曼特卡世界音樂,2000年。

的社會空間，這些空間被賦予了新的意義。這些關係使得人們在被現代性粉碎的社會中唱出自己對社會變化的感受和經歷，同時這種關係還為社會將來的轉型提供了便利。籟樂也是如此。籟樂作為混雜的一種主要形式，經常通過暗示和推理等複雜方式，有時是隱蔽的方式起作用，它已經提供了一個創造性的空間。這個空間包含了表達和需求、反叛和抵抗、創新和協商，因為許多相互衝突的社會和經濟渠道都在當代阿爾及利亞社會中發揮着作用和發展着自己。

對面紗的矛盾情感

沒有甚麼比面紗更能代表西方和穆斯林世界的不同。歷史上幾乎沒有哪種服飾能像面紗一樣有如此多的含義和政治寓意。對於歐洲人來說，面紗曾象徵着東方的神秘的性愛；而對於穆斯林來說，它曾標誌着社會地位。如今面紗的含義發生了巨大變化。對許多西方人來說，面紗是伊斯蘭父權社會的象徵，在這種社會中，女性被認為是受壓迫的，處於附屬地位的，她們不能在公眾場合露面。從另一方面來說，在伊斯蘭社會和在非伊斯蘭社會的穆斯林女性當中，面紗已經開始象徵她們的文化和宗教身份，而且女性也越來越願意選擇用它來遮蓋自己。因此，面紗現在使用得比以前任何時候都更加廣泛。根據不同的身份，面紗可以象徵控制或反抗，壓迫或自立，父權制或非西方

的公共價值觀念。我們該怎樣理解面紗，理解面紗的含義，同時控制和審問我們下意識的反應呢？沒有人可以從一個中性的、客觀的角度去理解面紗。那麼就讓我們先看一幅圖片（圖12），這幅圖片中的女人是殖民時期歐洲人心中的典型的東方人的形象，就是被薩義德描寫成「東方主義」的那一種。

這幅圖片的題目很簡單，就是《阿拉伯女人》。這是一張彩色明信片，大概可追溯到1910年，也就是帝國主義的全盛時期。它是由一個德國的攝影公司在埃及拍攝的，這樣的攝影公司當時在中東還有很多。它把這個阿拉伯女人表現得很客觀。這是一個真實的埃及女人，她有姓名、家庭、聲音和歷史，但她已經被變換成了一個「東方的」、普遍的、具有阿拉伯人屬性特點的「阿拉伯女人」。這個女人的眼神得到了特意的表現，她的眼神在西方人的注視下變得猶豫不決，處於單向的「承認的政治」之中。

這是一張照片還是一幅畫？她戴着有黃色襯裏的棕色頭巾，頭巾長得披散到肩上，穿着件藍綠色的布衣。一塊帶褶的黑面紗把她的下半邊臉蓋了個嚴嚴實實，一條黑色的布帶穿過竹片縛住了黑面紗——竹片是由一種特殊的竹子制成的，但是還能露出她的額頭和上面的顴骨。她的視線避開了鏡頭，這樣她看起來更謙遜，同時也給了她一種若有所思的表情。那件藍綠色的粗布長袍向下蓋住了她身體的其他部分，看起

來藝術家是在下意識地把她刻畫成聖母馬利亞的形象，聖母馬利亞不用說當然是戴着體面的面紗，而且看起來很順服，容易被接受。這個阿拉伯女人所缺少的僅僅是聖人頭上的光環，但是這個女人周圍的祥和氣氛濃鬱得過分了。她向一邊凝望，雙臂下垂放在身體兩側，看起來她永遠不會為她自己說甚麼或者做甚麼。

或者我們只是以一個觀賞者的身份來看它？我們所理解的這幅圖的含義是這個藝術家想要讓我們看到的嗎？一個阿拉伯女人的形象？一個與自身實際情況不符的、代表所有阿拉伯女人的、異國情調的東方女人？這幅圖沒有要求我們把她想像成一個社會環境中的活生生的人。這是為一些西方觀賞者創作的，這些人的腦子裏已經有了「阿拉伯女人」應該有的樣子——謙遜，消瘦，而且一定戴着面紗。歐洲人一看立刻就知道是她，正如現在我們一看到白雪覆蓋的和諧圖畫就想到聖誕節一樣。如果要恰當地表現聖誕節，就要表現白雪覆蓋的圖景。世界的許多地方都是如此，但是聖誕節並不是這樣，比如在英國，它通常是溫暖的，有些陽光，也許還有毛毛細雨，但很少會下雪。卡片上的毛毛細雨，不能像皚皚白雪那樣使人想到聖誕節——儘管我們知道，根據我們的經驗，神奇的白色聖誕節是完全不真實的。

> 然而，真正需要追問的卻是表現他者的方式。
>
> 霍米·K.巴巴，《文化的定位》（1994）

所以這個女人的情況也一樣，儘管她的臉沒有被黑面紗完全覆蓋住，但是竹管凸顯在她的前額中央，一塊長長的黑布緊緊地裹着她的面頰和嘴部，這塊布往下變得越來越細一直到她的腰部，那樣子就像個巨大的鳥嘴，這會給西方人留下一種受監禁的強烈印象。她似乎真的被束縛住了，被裝進了牢籠。這幅圖處處都在吻合着這樣一種思想：許多西方男性和女性都認為穆斯林女性需要被開明的、沒有面紗束縛的西方解放出來，因為穿便服的西方要求女性把自己暴露出來，而不管她們是否願意。在19世紀，西方人認為穿衣標誌着文明，不穿衣服的人被認為是野蠻的。然而，到了20世紀和21世紀，半裸則標誌着西方的優越感。

這幅彩色印刷圖片的兩層顏色並沒有遮住她的眼睛，她的雙眼看上去是濕潤的，所以當你離近了注視她的瞳孔時，會發現她的眼睛是黑白顏色的，正從遮蓋她的顏色的後面向前張望。此時你發現她的眼睛機智、帶有強烈情感和充滿力量，儘管她被困在藝術像框之內——這個像框比任何面紗更具壓抑感。這幅典型的人像變得越來越難以理解。這個被具體化了的女人似乎要扭轉局勢，要在西方人的凝視中重新定位自己。

Arab woman

圖12　阿拉伯女人。

在整個20世紀，面紗越來越成為那些想把伊斯蘭社會世俗化的人們的焦點。阿爾及利亞和其他地區的法國人發動了一場「面紗之戰」，即強迫當地女性不戴面紗。為使伊朗西化，西方強迫伊朗國王禁止人民穿黑袍，這種黑袍是鄉村和傳統的都市女性穿的從頭到腳的黑色衣服。作為直接的回應，在1978-1979年的伊斯蘭革命之後，女性又被要求這樣穿着。如果認為強迫一些女性戴面紗就是虐待她們——一般西方人都這麼認為，那麼世俗的法律要求另一些女性不戴面紗同樣是虐待她們。例如，在法國和西班牙，女孩們必須在法庭上鬥爭以取得能包着頭去上學的權利。這裏，我們不是談論那個埃及女人戴着的那種面紗，那種被前額的幾縷辮髮打破了嚴肅性的面紗，而是那種完全把頭髮蓋住的面紗(就像歐洲信仰天主教的女性去教堂的時候常披在頭上的那種斗篷)。在土耳其這個伊斯蘭國家的一個不信教的省份裏，開明的立法禁止在公共場合——比如學校、大學，甚至醫院戴面紗。結果，許多「被包裹的女性」被禁止去上大學。當然迂迴的道路總能找到。比如有一個女醫生，她遵循舊的已婚猶太婦女的服飾要求，選擇了戴假髮，她雖露着頭髮，但把自己的真頭髮藏了起來，也不算違反法律條文。在最近的一次土耳其選舉中，一個在選舉中獲勝的伊斯蘭黨派許諾最終一定要把這種法律變更過來，因為這種法律使許多的土耳其女性不得不去柏

林、倫敦和維也納上大學(在土耳其,人們開玩笑說,這第二次圍攻維也納比第一次更成功)。男性可以上土耳其的大學,因為沒有法律要求所有的男生不戴帽子,剃乾淨毛髮,以露出頭和臉。儘管這樣,凱末爾(Kemal Attaturk)國父,這位現代土耳其的創建者曾禁止人們戴土耳其氈帽。歷史上土耳其和伊朗許多關於穿着的立法,都曾把焦點對準男性服飾。

談及「面紗」,人們僅僅把它當作一個制服一樣的既定不變的東西。事實上面紗多種多樣,不光有「這種面紗」,而且還有許多種遮蔽物。在大多數社會的特定時候,不同身份的女性會披戴完全不同的遮蔽物。遮蔽物本身是可變化的、複雜的服飾,有遮蓋身體的遮蔽物,也有遮蓋面部和頭部的遮蔽物*,這裏只提及了一些最普遍的遮蔽物。遮蔽物的種類繁多,女性在不同場合披戴它們的方式也多種多樣。與任何其他服飾一樣,面紗也尋求變化(包括微變或巨變)以適應不同的需要和新的環境。

例如在殖民統治時期就是這樣。法農強調「面紗的歷史變化」,因為面紗既可以根據環境作出戰略性的調整,也可以作為工具來加以使用。這在阿爾及利亞獨立戰爭期間就表現得特別明顯,當時,殖民者和本地人之間存在分歧差異,女性通過自己的服飾來表

---

* 遮蓋身體的有:abaya, burqa, chador, chadri, carsaf, khimar, haik, sitara。遮蓋頭部和面部的有:batula, boushiya, burko, dupatta, hijab, niqaab, rouband, yasmak。

現自己是哪一邊的。龐帝科沃(Pontecorvo)拍攝的電影
《阿爾及爾之戰》(1965)中有這樣一個著名場景：阿
爾及利亞女性被派去當送信人，她們在城市的歐洲佔
領區中運送武器或放置炸彈。

> 防護性的卡斯巴堡壘是阿拉伯人保護自己安全的
> 必不可少的一部分，但是它消失了。阿爾及利亞
> 的女性站了出來，她們被送進征服者的城市。
>
> 法農

阿爾及利亞人有時戴面紗有時不戴面紗，這與殖
民統治者的假定不符。儘管法國政府發給法國士兵一
些關於尊重穆斯林女性的宣傳冊，可還是有許多證據
證明，調查程序轉變成了強姦、折磨和殺害嫌疑人。
有時這些女性被捆綁着，不着寸縷地遊街示眾，而且
在她們死前在這種狀態下被拍照。這就是殘忍的法國
「文明」眼中的裸露的阿爾及利亞。

「這個只能看別人而不能讓別人看的女人使殖民
者感到受挫和生氣。」法農説。她採取抵制和拒絕的
態度，就如同卡斯巴一樣不可穿透。在卡斯巴的小街
深巷中經常可以看到戴面紗的女性。西方人對面紗的
反應是要求和希望去掉面紗，如此一來，以解救受迫
佩戴面紗的女性的名義要求去掉面紗和殖民者強行廢
除面紗這兩者之間不幸有暗合之處。法農發現，儘管

他在阿爾及利亞北部城市卜利達的精神病醫院裏強調團體性,可是他仍然不得不為女性在餐廳裏劃分出一個單獨區域。

戴着面紗還是摘掉面紗難道就真的成了反對制度化權力形式的一種激進運動?許多女性選擇佩戴面紗而且願意為這一權利而奮鬥,最近人們在弄清了這一點之後,才將面紗與女性的戰鬥性相聯繫。相反,男人戴面紗與阿拉伯女性戴面紗的內涵完全不同。看一看圖13中薩帕塔運動的副司令馬科斯2001年勝利進入墨西哥城的照片就可以對此有更深的了解。馬科斯經過十五天的行軍走遍了整個墨西哥,目的是為自己的議案爭取更多支持。他提出要為墨西哥仍處於貧困當中的原住民印第安人增加自治權和土地所有權。政府最後同意和他商議,就這樣馬科斯(Marcos)勝利進城了,並受到了市民的熱烈歡迎。他蒙着臉,脖子上掛着花環,儼然一個受歡迎的英雄的形象,同時還應注意他那個尋常的、父輩用過的煙斗從他遮着的嘴裏神秘地露了出來。

對於一個男人來說,蒙着臉就像是戴着一張面具,就像是具有浪漫主義色彩的盜賊和逃犯,他們戴上面具是一種自我保護的手段,目的是與當權勢力進行抗爭。薩帕塔運動代表的是墨西哥南部土生土長的農民。在歷史上,這些農民雖然進行過多次反抗,但是他們卻只爭取到了很少的土地和財產權,薩帕塔運

動發動的反對墨西哥政府的戰爭通過現代科技，闡釋宣揚了他們應有的權利。以前，馬科斯習慣把自己的要求傳真給政府和報紙，現在他用電子信箱做這些工作。同時，薩帕塔採用巴拉克拉瓦頭套作為他們的標誌。這種頭套與面紗在本質上是相同的，就像是巴勒斯坦起義戰士的面具，既掩護了他們的身份，又像是軍人的制服。與女性佩戴面紗一樣，這種一致性增強了男性反抗的激情。男用面紗是自信的。阿拉伯女性保持端莊沉穩，而戴着花環的馬科斯為表示勝利，高高舉起他張開的手掌，儘管他也沒有看向鏡頭，很明顯，他是在向群眾致敬，不想避開觀眾的眼睛。我們作為旁觀者也被吸入了場景中，成為這個以他為中心的場景中的一部分。為甚麼面紗剝奪了女性的權威，反而增強了男性的權威？

答案是，這實質上不是一個性別問題而是一個環境問題。也有阿拉伯男性戴面紗的例子，比如，說含語的柏柏爾人就認為面紗是社會地位和男子漢的象徵。柏柏爾人中的男性常年戴着一種白色或藍色的面紗。出生在埃及的人類學家金迪(Fadwa El Guindi)這樣寫道：

> 男性——在家裏、在旅途、在白天或晚上，吃飯時、抽煙時、睡覺時，甚至在做愛時——時刻都戴着面紗。

然而，柏柏爾人中的女性卻沒戴面紗，她們只是用頭巾稍稍遮蓋住她們臉的下半部分，就像亞洲南部的女性那樣。柏柏爾人的男用面紗標誌着日常社交活動的意義，它是一種靈活的信號。在女性、陌生人或受尊重的人面前，面紗要抬高到眼部，在那些不用太尊重的人面前，面紗可以放低一些。印度南部的男性繫着腰布，他們總是在不自覺地調整它，把它摺起來，包住或繫到膝蓋部位，然後在和別人談話時，再解下來。同樣柏柏爾人中的男性整天處理日常事務的時候都在調整他們的面紗：抬高繫緊，放低放鬆，或是拉直綁緊。

　　換句話說，面紗只能用當地的意思來解釋，這種意思是在它自己的社會空間內產生的。外來的解釋往往會從觀察者的社會空間出發來強加某些意思。對於西方人來講，面紗彰顯了女性的附屬地位和對女性的壓迫。在阿拉伯社會，正像金迪所說，「面紗涉及隱私、身份、親屬關係、級別和階層」。然而，西方觀察者總是把圖片中戴面紗的阿拉伯女人看作是伊斯蘭統治壓迫女性的一個象徵。但對一個1910年看着這幅圖的埃及人來說，面紗則象徵着女性的社會地位。最底層的女性，尤其是農村的和沙漠地帶的貝都因女性根本就不戴面紗。在城市裏，不同階層的女性戴着不同的面紗。上層社會的埃及女性戴土耳其風格的、用白色的平紋細布做成的面紗。相反，明信片上的阿拉

圖13　副司令馬科斯到達墨西哥城，2001年3月10日。

伯女人戴着傳統的黑面紗，還附着竹管，這和她的無領對襟束帶長袍一起，説明她屬於技工、勞動者或商場女服務員這樣較低階層的人員。因此，對西方觀察者來講，她的形象使人聯想起對《聖經》的回應，或者一種父權至上的社會體系。對一個埃及人來説，她的面紗最先能確定她的社會地位。換句話説，在不具備當地文化知識的情況下，西方觀察者將對圖片中的當代埃及女人的形象給以完全不同的解釋。

如今，面紗擁有了一種不同的文化力量，對西方社會而言更是如此。舉個例子來説，圖14是一張蒙面的黑人女性的照片。這位黑人女性對觀察者明顯表現出挑戰的神態。她的眼睛睜得很大，直直地盯着照相機的鏡頭。同時還應注意，攝影師是怎麼捕捉到這一特寫鏡頭的，觀察者可以直視她的臉，而不需要保持一定的審美距離。我們的反應會因這張照片的題目而緩和下來，題目告訴我們她是紐約布魯克林的一位穆斯林女性。她在紐約，這會讓觀察者認為她是一位非洲裔的美國女性，她還可能是美國「伊斯蘭國家」組織中的一員。在當今這個最有對抗意義的社會裏，她選擇了戴上面紗。

面紗和面具代表的是服從還是反抗？是誰選擇了面紗來掩飾自己？事實上，女性和薩帕塔主義者對面紗的選擇是他們對社會作出的回應。似乎在父權社會體系裏，埃及女性沒有別的選擇，只好把自己掩蓋起

圖14　由小希金斯(Chester Higgins Jr.)拍攝的《布魯克林的穆斯林女人》。

來，而馬科斯已經成為一個作出這樣自由選擇的代表。然而，就像我們看到的那樣，事實上，在20世紀早期，在埃及戴面紗對一個女性來講一般是地位的標志，從這種意義上講，戴面紗被認為是賦予權力而不是被剝奪權力。戴面紗變得相當廣泛的一個原因，是因為越來越多的女性想證明她們的社會地位，尤其是在其他的女性面前。

對馬科斯這樣一位反政府的革命戰士來講，他的匿名是一種策略的需要。他選擇戴巴拉克拉瓦頭套並不是一個自由的選擇。在現代，蒙面成為一種普遍的方式，可以避免被警方的攝像頭辨認出身份。例如，在愛爾蘭共和軍的葬禮上總是出現蒙面人。蒙面也是一種反抗或表明自己觀點的行為，就像戴面紗如今對伊斯蘭女性逐漸起到的作用一樣。面紗的意義，如果有的話，並不是一成不變的。法農曾回憶說，在殖民主義者的統治下，摩洛哥女性怎樣變着法地改變自己面紗的顏色，從白色變成黑色，以表達她們與其流亡的國王團結一致。她們通過改變面紗的顏色賦予面紗以新的意義。通常，理解面紗就意味着從面紗的社會語境之外來看待面紗，就意味着外部的觀察者怎樣來解釋面紗。這與戴面紗的女性本人佩戴面紗的原因已經沒有甚麼關聯了。

第五章
後殖民女權主義

印度的性別政治

當甘地(Mohandas Karamchand Gandhi)離開修行的居所時，女性都被激怒了。因為她們把一切都提前計劃好了，包括行進的路線、食宿的地點，以及最終他們舉行示威活動的海灘。為甚麼他不要女性參與其中，拒絕與她們同行呢？過去，在他發動的政治活動以及他對政治的解釋中，他一直努力要把女性放在中心的位置上。他積極鼓勵女性參與政治活動，對女權主義者所從事的事業也持認同態度，而且認識到了女權主義者使用政治策略的潛力。他過去常說，他的政治活動主要是受到了支持女性參政的英國女性和北愛爾蘭新芬黨的激勵：要使用道德策略，而不要訴諸暴力。他贊同只採用停食、絕食抗議和遊行這些非暴力手段。甘地絕不是第一個給弱者的鬥爭手段(這種鬥爭手段是每個人都擁有的)施以政治色彩的人。

儘管奈都*(Sarojini Naidu)甚至米拉‧本(Mira Behn)多次規勸過甘地，可他仍然堅決拒絕女性參與

---

* 印度政治家、女權運動者及民族詩人。

到其中來。那天早晨，男人們都離開家門，朝海邊走去。他們身着漿洗過的襯衫，戴着帽子，拄着女人們為他們削好的長手杖。女性又一次被拒絕參與這種政治活動，她們不得不留在後方，等候消息。全世界的目光都在關注着，攝影記者也已準備就緒，但是看不到任何女性的身影。然而1913年在南非時，甘地本人確曾請求德蘭士瓦省的女性在鳳凰農場採取非暴力不合作的舉動，而那樣做將會使她們遭受牢獄之災。她們確實也付出了代價，一名來自約翰內斯堡的十六歲女孩獻出了自己的生命。

甘地注意到，在南非的印度女性受到了監禁，這件事不但「觸動了生活在南非的印度人的心，而且也深深刺痛了生活在印度的印度人民」。他還觀察到，在「消極抵抗」〔該詞最早由阿羅頻多(Sri Aurobindo)提出〕中，女性作為其中的催化劑會起到更加積極的效用，而且他認為女性最適合這種非暴力不合作運動。非暴力不合作運動讓女性參與了進來，並且使她們成為這項激進政治活動的中堅力量。在巴德利運動中，巴克迪巴(Bhaktiba)、莫塔(Sharda Mehta)和珀蒂(Mithiben Petit)等眾多女性尤其引人注目。甘地不認可生活在大都市的政治精英，而是對生活在城市邊緣的人，比如農民、比哈爾邦的藍領工人以及廣大的女性持認同態度。他號召使用印度的土布，反對從英國的蘭開夏郡進口廉價的棉布。他號召人們(至少是那些

可以買得起的人)通過穿着表明自己的政治立場。

甘地通過親自紡線織布使其所發動的政治和文化運動具有了很強的象徵意義。spinster*這個詞的原義就是「紡織」，正像這個詞所暗示的那樣，我們都知道紡線織布是傳統女性所從事的勞動。甘地經常使自己顯得更像女性，而不是既具有男子氣又帶有女性特點的紡織工：

> 我和孩子們都知道我在用母親般的愛去愛他們……我總是用母親觀察自己女兒的目光來注視女孩子們。

然而，當她們特有的性別特徵激起了男孩子們的欲望時，甘地對此的反應使他更像一位道德上極為拘謹的虔誠教徒：

> 早晨我用柔和的語氣向女孩們建議，她們應該讓我把她們那優美的長髮剪短。

甘地總是喜歡放棄，喜歡棄權──如果開始就這樣，那當然很好。他希望由他提出來的「精神力量」這一女性原則能被男女共同遵守，因為他懼怕女性的性別特徵；他喜歡使用「姑娘」或「姐妹」這種稱

---

* 　該詞現在更常用的意思是「未婚女人」。

呼，而不用「妻子」之類的叫法——他也的確是這樣稱呼自己的妻子的。即使甘地本人在使用女性的鬥爭方式時，他也往往用傳統的視角來看待女性。他的許多關於女性特徵和家庭角色的觀念，其實就是對傳統的印度教和道德要求極為嚴格的維多利亞時期女性觀念和女性氣質的進一步強調。甘地總是宣揚諸如妻子要忠於丈夫一類的傳統價值觀。他雖然是一位改革家，但在女性權利方面，他並不像尼赫魯(Nehru)那樣習慣性地贊同革新的思想。共產主義者的傳統觀念認為賦予女性權利毫無疑問是消除不平等的制度結構的一部分，而尼赫魯很明顯受到了這種觀念的影響。

但是，甘地還是非常有預見性的，他意識到如果不進行激進的社會改革，反殖民政治活動的作用是非常有限的。他並不是一位尋常的反殖民民族主義者。甘地想改革印度社會、印度的種姓制度、社會和性別的不平等狀況，而且還要把英國殖民者趕走。他預見性地提出了許多後殖民女權者所使用的政治策略，並在各個方面為女性爭取權利。他提出來的非暴力理論並不只是針對英國人的一種策略，同時也是男女平等、環境的可持續發展以及飲食習慣和天然藥材對人體進行溫和調節的基礎。就此而言，甘地稱得上是第一位環保政治家。他觀察到女性所進行的政治活動要比大多數民族主義者的活動更為激進，她們拒絕對公共和私人空間進行劃分，此舉觸犯了殖民當局的政治權威。

性別和現代性

同時，對女性來說，甘地對現代性的批判可能是有問題的，而具有現代性的政治活動對女性更加有利。實際上，現代性的許多特徵就是女性的發明。現代性可以用它自身的技術和關於平等、民主的政治概念來界定自己，這些政治概念必然包含着父權制的終結以及讓女性享有平等的權利。另一方面，對於許多男性民族主義者來說，現代性就是對經濟、政權和公共領域的重新定位。即使是在今天，正如印度小說家羅伊（Arundhati Roy）所尖銳指出的那樣，印度教徒對真正印度性的追求也不會包括拒絕對手機、火車、飛機或投放原子彈的火箭的使用。在1909年出版的《印度自治》中，甘地把對西方文明的批判擴大到對科技的批判，他抵制火車以及殖民現代性的各個方面。因此，實際上他比現代的具有印度教特性的理論家更激進。他的思想就是「可持續性發展」（可能性的藝術）這種現代觀念的先導。

因此，用反映和適合歐美女性平等標準的觀念和術語去譴責第三世界女性所受的壓迫，這是對種族意識形態的支持……這種意識形態把連貫的文化主題作為科學知識的來源來解釋當地的文化，這就使發生的每個活動都落入了具有性別特徵的定勢當中。這種背景中的女權主義就意味着「西化」。

Trin T. Mi'nh-ha，《女性，本地，他者(1990)》

當民族主義者把目標從改革運動轉向文化復興時,女權主義者就開始與之分道揚鑣了,她們繼續利用現代性的因素來為自己的政治目標服務。文化民族主義者往往在技術方面並不反對現代性,而只是反對現代性對女性的影響。女性通常被認為是代表民族文化身份的主要依靠力量,而當前的民族文化身份是從過去的社會中追溯而來的。在男性民族主義者看來,相對沒有受到殖民控制的家庭才是傳統價值觀、文化以及「民族」身份的捍衛者。這種身份是按歐洲模式所創造出來的反抗歐洲宗主國的新事物。女性和現代性逐漸被看作是對立的,結果就造成了民族解放的目標往往不包含女性期望的所有進步性的變化。當殖民政權試圖要宣佈諸如童婚、寡婦火焚殉葬以及閹割女性外生殖器之類的習俗為非法時,以上這一點在印度和非洲就顯得格外具有戲劇性。保留這些習俗成為當地民族主義者重要的鬥爭目標(儘管甘地或尼赫魯並非如此)。

殖民政權對壓迫女性的社會習俗的干預被稱為「殖民女權主義」,也就是說在這一點上,殖民政府代表了女性的利益,它宣稱這樣做是出於人道主義的原因。有時這些措施會同時作為殖民控制的形式起作用。殖民當局往往對這些干預持贊同的態度,它們認為這些干預是改變當地社會價值觀的重要方式,而且這些建立在社會價值觀基礎上的傳統反對它們對當地

的統治。法國在馬格里布地區所實行的強迫女性摘除面紗的殖民政策就是一個明顯的例子。在所有情形下都完全可以預見的是，這些法令將會成為民族主義者抵抗的焦點問題。然而矛盾的是，對於女性來說，殖民者的意識形態代表的可能是自由的新形式。所以，生活在殖民主義與反殖民的民族主義夾縫中的女性更加矛盾。這也意味着在後殖民時代，當女性同殖民主義的殘餘作鬥爭時，她們也在不斷地被指責她們自己的腦子裏也輸入了西方的思想意識。西方女權主義者、人權組織和由福特基金會資助的非政府組織的善意干預，有時卻使當地女性的生活變得更加複雜。各種形式的發展最好是來自基層群眾，而非由統治階層強加而來。

如果你認為女權主義是一種西方的思想，那麼你將不得不得出這樣的結論：現代性本身就是西方所獨有的。從歷史角度看，女權主義確實是開始於18世紀的西方政治運動。女權主義的開始和現代性的開始是很難區分的。現在人們認為，現代性並不是由西方發明的，它是西方同世界的其他地區相互影響、相互碰撞的產物，包括殖民主義的經濟剝削（殖民主義的經濟剝削作為現代資本主義發展的動力，最早為歐洲資本主義提供了充裕的資金）。從那時起，隨着時間和地區的不同，現代性在很多方面得到了發展，女權主義的情況也是如此。和現代性的其他方面一樣，兩個世紀

以來，非西方世界的女權主義所信奉的原則也發生了變化，與以往相比產生了一些細微的差別。現在，所有的政治活動，無論是女權主義的還是宗教激進主義的政治活動，都是其所處時代的產物，因此都是現代性的一部分。現在爭論的焦點不是現代性與其對立面之間的問題，而是對現代性的不同解釋版本的看法問題。對現代性的某些看法被認為是提供了西方模式以外的選擇對象，當然這種對於西方模式的理解並非總是準確的。

獨立後的女權運動

在男性和女性為共同的目標而進行反殖民鬥爭時，兩者間存在的許多差異相對來說仍未完全暴露出來。但是，當國家獲得獨立後，根本的衝突就明顯地顯現出來了。賽義德（Amina al-Sa'id）在一篇文章裏提到了1956年埃及女性志願參軍的事情，文章用了一個簡單、準確的標題——《女性的角色並不因和平而告終》。對於所有的女權主義者來說，獨立時的權力轉換和國家主權的獲得雖然合乎了她們的心意，但她們的要求並非僅限於此。這僅僅是漫長鬥爭過程中的一個階段而已。然而對男性而言，國家獲得獨立則意味着國家進入了後殖民這個可以明確表示的新階段，而對女性來說卻並沒有這樣的突破。因為鬥爭仍在繼續，現在她們仍要為反對不再需要女性支持的父權社會而鬥爭。獨立往往意味着權力

的轉移，但並不是把權力轉交給新建立起來的主權國家的人民，而是轉交給當地的精英階層，這個精英階層繼承了軍隊、警察、司法、行政以及發展機構等整套殖民體系。許多國家為了取得國家主權付出了大量的人力和物力，而一旦國家獲得了獨立，女性的政治目標不得不再次被人們提及，於是又一場解放鬥爭開始了。因此，後殖民政治通常和女性的殖民鬥爭而非男性的殖民鬥爭有更多的相似之處：政治上的平均主義支持文化上的多樣性，而非民族主義所要求的文化上的共性。

在後殖民時期，宗教民族主義的顯著發展——這種發展在某些方面甚至界定了後殖民時期——事實上已經把女性置於一種與殖民時期相似的境地之中。然而，並不像西方的自由主義者所想像的：伊斯蘭國家的女性受到了宗教激進主義或伊斯蘭教的壓迫。世上並不存在單一的伊斯蘭教，也沒有單一的伊斯蘭宗教激進主義。在伊斯蘭國家，女性的定位是與以下幾點相聯繫的：她們自己的文化、歷史，她們與西方和西方殖民勢力的關係，她們圍繞伊斯蘭教和伊斯蘭法律作出的解釋，以及她們在當今社會所扮演的角色。

三大洲的許多國家激烈反對這一觀點。可與此相反的是，「西方」也並非持有統一的觀點。甘地就清楚地看到西方內部的裂痕，並主動地加以利用，為印度政治上的發展帶來了好處。

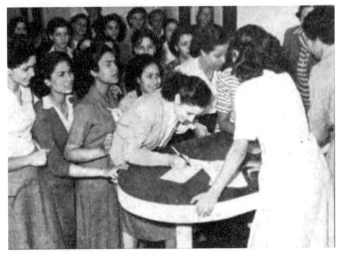

圖15　埃及的女志願者積極參加反對英國佔領的大眾抵抗運動。

女權主義和生態

　　儘管現在甘地的影響在印度急劇下降，但是，他的一些政治哲學要素仍然在繼續向前發展。例如，印度主要由女性組織的契普克運動就能說明這一點，此運動的根源已經被席瓦（Vandana Shiva）直接追溯到了運動的發動者米拉・本（Mira Beha）那裏，而米拉・本卻是和甘地關係最為親近的女性之一。席瓦認為，國家的殖民化同時引起了諸如森林之類的自然資源的殖民化，而後又引起了精神上的殖民化：人們在面對農業和環境問題時，想到的只是技術革新和以市場為導向。早在殖民時期，農民和部族就已經開始對濫伐森

林進行過抗議。當時木材被用作軍事和工業目的，人們並沒有考慮過濫伐森林和荒漠化所帶來的長期影響或破壞當地經濟和生態所引發的後果。

在20世紀40年代後期，即甘地遭暗殺之前不久，米拉·本搬到喜馬拉雅山腳下的一個農場上定居。她逐漸開始關注當地一年一度的洪災，她發現引起洪災的原因是濫伐森林以及種植非本地品種的樹木，尤其是松樹。為了能專心研究森林問題，米拉·本建立了一個叫作戈帕爾的修行所。在那裏，她研究了當地的環境，並且花了大量的時間從熟悉當地情況的農民那裏了解了許多關於當地情況的資料。在聆聽當地民歌和民間故事時，她注意到其中的許多歌曲和故事都提到了一些基本上已經消失了的樹木和其他植物。她斷定當地出現的生態問題是由櫟樹的消失所造成的。櫟樹對生態環境和當地經濟的發展起到了積極的作用，而像松樹這種最近純粹出於商業原因而被種植的常綠植物，除了提供松脂和紙漿這樣的商品外，對當地的生態經濟沒有任何益處。不久其他一些甘地的追隨者，例如薩拉拉·本(Sarala Behn)和巴哈古納(Sunderlal Bahuguna)，也加入到了米拉·本的工作中，他們建立了新的修行所。

> 像以往一樣，每個使窮人的狀況惡化的計劃，總是聲稱
> 窮人是受益者。
>
> 席瓦

隨着這場運動的深入發展，重大的分歧開始出現，而這個分歧就本質而言是由性別差異造成的。最初，當地許多效法甘地的組織把工作重心都放到了建立合作社以及維護當地人民而不是大型商業公司的權利方面，這些大型商業公司把木材作為商品作物加以開採。席瓦指出，這主要是男性的觀點。而負責耕種口糧、採集燃料和飼料的女性並沒有受到這種短期利益的誘惑，她們並不想種植單一品種的經濟作物而獲益。她們注重的是當地可持續發展的生態需要。在可持續發展的生態中，植物、土壤和水構成了一套複雜而又相互聯繫的生態系統。因此而出現的分裂並不僅僅存在於當地人和外地人之間，也存在於村莊內部的男性和女性之間。女性對整個體系的原則提出了異議，她們指責男性在意識形態上被短期的市場商業價值殖民化了，他們就像在父權社會控制女性一樣，試圖把自然控制在自己的手中。女性並不想通過科學手段控制自然，從而直接獲益；她們的目標是要使整個森林系統能夠自我支撐，自我更新，使之能夠保持住水和食物資源。她們長期擔當着耕作者和糧食生產者的角色，這使她們的家人能在這套系統中生存下來。

這也表明，女性對耕作以及各種植物的藥用和營養價值更為熟悉。

因此，女性與像巴哈古納那樣被女性所説服了的男性一起，共同構成了契普克運動的基礎。契普克運動於1972-1973年開始於印度西北部的傑莫利地區，當時當地的人民成功地組織起來，抗議通過拍賣把三百棵白蠟樹出售給體育用品製造商，而政府卻禁止當地的合作社為製造農業生產工具而砍伐少量的樹木。這場運動很快就擴散到其他地區，例如卡納塔克邦，人們開始廣泛抵制將木材砍下來賣給商業公司。契普克是「擁抱」的意思。這個名字源於三百年前拉賈斯坦邦的比什挪依人最初採用的一種方法。在德維(Amrita Duvi)的領導下，比什挪依人通過擁抱神聖的科耶里樹來抵制對這些樹木的砍伐，在鬥爭中他們甚至犧牲了自己的生命。實際上，村民們通過擁抱樹木來阻止伐木者砍伐樹木這樣的事例在現代幾乎沒有了。然而，這場運動的名字總是讓人覺得，即便在這些積極的參與者受到威脅的時候，他們也會採取擁抱的做法。擁抱樹木的想法在象徵層面也強烈地體現出人和樹的關係。面對越來越多的山崩和洪災，契普克運動的積極參與者在米拉·本早期思想著作的激勵下，把這場運動推向了更為激進的層面。她們鼓動在北方邦全面禁止對森林的商業採伐，後來又反對中央政府實行的根本不考慮地方需要和環境的發展計劃。

這些運動都是由當地的基層群眾組織和執行的。像哈瑪‧德維以及桑德拉‧巴哈古納這樣的個人組織者挨村挨寨地宣傳運動綱領，就組織運動的方法提出建議。儘管一些人在大多數基層群眾運動中起到了領導者的作用，但與傳統政治組織的政黨領袖相比，他們對公眾的影響並不是很大。契普克運動是積極參與者共同努力的產物。住在加瓦爾的喜馬拉雅山居民一起成功地阻止了對本地區森林的濫伐，取得了非凡而廣泛的影響。從那時起，契普克運動就開始把鬥爭的目標轉到把森林作為一種生態和社會系統而加以保護上來。逐漸地，對森林的保護發展成為一種內容更為廣泛的、可持續發展的生態政治哲學，而這種政治哲學也成為當地人民共同價值觀的核心。

這種可持續發展的政治哲學究其本質來說仍是效法甘地的(儘管甘地關注的是物質的、實踐的和社會的需要)，而且在對現況的回應中甘地的思想得到了進一步的深化。正如薩拉拉‧本所解釋的那樣，這種政治哲學在更廣的層面上包括了對一系列目標的追求：正義、道德原則(比政府要求得更高)、在處理環境和社區關係上採用非暴力的方式、自給自足以及當地人能享有更大的權力(反對中央集權、腐敗、剝削、權力的喪失以及飢餓)。總之是要使家庭倫理觀與市場價值觀之間的分歧消失。

契普克運動的參與者認為，由中央或地方政府管

理的、建立在林業科學標準基礎上的造林項目既破壞了森林生態種植的多樣性和公眾的資源，也破壞了當地人的食物、燃料、建築材料、藥材等的來源。一個典型的例子就是忽視當地樹種，卻大規模地種植桉樹等單一品種的非本地樹種。因為桉樹不能產生腐殖質，所以不能保持土壤裏的水份，從而破壞了維持植物、動物和人類生活的食物系統。為達到殖民化的目的，殖民者使公地私有化並引進外來樹種，損害了當地人的利益，奪走了他們的生活財產，使他們的生活不能維持下去。最終這些項目都是通過當地的政府官僚組織來管理的，這些政府官僚組織使當地的農民處於當權者、特權階層和財產所有者這些腐敗階層的共同掌控之中。

20世紀70年代以來，在傑莫利地區、卡納塔克邦、加爾克漢德以及其他一些地區，女性、當地村民和部落進行的種種鬥爭成功地阻止了眾多這樣的行為和計劃，而且他們還提出了一整套的環境政治哲學。席瓦和其他一些生態女權主義者進一步把這些基本的原則向前推進，開始批判那些被她們稱為「不良發展」的行為。她們把這種工業發展的模式稱為是一種新的殖民（「獨立」後殖民主義的繼續）。這種「發展」的典型特點是：邦一級的政府負責組織，世界銀行提供資金援助，種植的是西方最新發明的轉基因作物和樹木，化肥都是根據西方最新的觀點施用的。以市場為導向重新分配本

圖16　契普克運動中的抱樹者，印度北部，1997年。

　後殖民主義

地土地的想法，僅僅着眼於為購買土地而能擔負起大量債務的少數人，而窮人賴以獲取口糧和燃料的公共土地卻被私有化了。這些計劃的多次失敗——直接失敗或沒有預料到具有破壞性的副作用——甚至已經使從事發展研究的經濟學家開始認真了解當地的情況，而這些情況過去被人們視為原始的、不真實的和不「科學的」，因而長期被人們所忽視。這些未被人們認識到的情況激起了抵抗性的政治活動：反對後殖民國家的中央集權，反對倫理道德和市場慣例在意識形態上的殖民化，還反對從外地引進的、不適應當地情況的植物物種對當地土地的殖民化。

由農民運動所構成的這些政治鬥爭在印度和其他許多地區已經得到發展，而且令人矚目的是處於鬥爭最前沿的往往是女性。在印度它們以所謂的女權主義的可持續發展框架為基礎，得到了充份的發展。但是，像契普克運動這樣單一的例子不能被當作普遍的模式來加以概括。在印度，對於居住在山區和森林裏的人而言，他們的狀況是某個社會特有的，而這些群體中的女性並不能構成女性整體範疇的基礎。然而，如果維持家庭生活的農村女性直接受到了環境退化的影響，那麼這些鬥爭的性別力量就會明顯得到加強。她們可以用相似的激進策略來反擊對環境的不同威脅。例如，納馬達反水壩組織*就格外勇敢並堅持不

---

* 簡稱NBA。20世紀70年代，印度政府為了灌溉和發電在納馬達河大量

懈地反對興建屬於龐大的納馬達河谷發展工程一部分的薩達薩羅瓦水壩。納馬達反水壩組織也得到了激進作家羅伊的公開支持，而且很清楚這個組織是按相似的原則活動的。這項巨大的基礎工程要耗資數十億盧比，而且還要讓當地的土著居民和生活在森林中的游牧居民共二十萬人移民，這要付出巨大的人力和環境代價。對受災民眾的無視已經到了極端冷酷的地步。經過長期的鬥爭，納馬達反水壩組織成功地以對人類和環境有不利影響為由，使為這個項目提供資金支持的世界銀行撤出了。但此後古吉拉特(Gujarat)邦的政府宣佈政府將會出資以彌補世界銀行撤走的資金。經過裁決，印度最高法院於2000年10月駁回了納馬達反水壩組織提起的訴訟，該組織試圖通過合法的抗議阻止該工程繼續進行下去。這一工程重新開始了無序的、瘋狂的破壞性進程。鬥爭仍在繼續。

其他一些類似的例子還包括對於破壞亞馬遜熱帶雨林的抗議，還有由肯尼亞的馬塔伊(Wangari Maathai)在1977年所發起的綠帶運動，他是在聽取了當地女性對當地環境惡化的關切之後，發起這一運動的。它們表達的憂慮涉及全世界的農民都常見的問題：以前他們可以在當地拾柴，而現在他們不得不到數英里之外的地方去拾柴；他們種植的莊稼產不出足夠吃的糧食，孩子們因此

建造大中型水壩，土地受淹但未得到及時賠償的居民在1985年組織起來，成立了納馬達反水壩組織。

而營養不良；潔淨的水源也乾涸了。旺加里·馬塔伊發起了種植樹苗的植樹運動，以便能給人們提供柴火、樹蔭，為莊稼提供腐殖質以及防止土壤退化。到2000年，肯尼亞人民已經種植了一千五百萬棵樹。同時，馬塔伊領導人們反對為發展建築業和種植短期的出口作物而對森林進行砍伐。現在綠帶運動已經擴展到非洲的其他國家和世界各地。

這類的生態運動確實產生於一定的內在聯繫之中，對某些因素的強調是以犧牲另外一些因素為代價的，如在契普克運動中就存在着階級和種姓的不平等。可以把相似的一些運動提出來，放在後殖民政治下加以考查。就那些在印度北部林區生活的人而言，他們的生活情況和需要與倫敦東區貧民窟裏的移民的生活情況和需要可能是完全不同的。然而，他們所進行的鬥爭活動都受到所有屬下階層人民（並不僅僅是那些被劃分為工人階級的產業工人）對權力和需求的共同要求的激勵。他們要求改革目前不平等、不公正的政治狀況，他們認可文化、社會和生態多樣性的原則。這些運動通常是由基層群眾，而非國家政黨或國際性組織發起的，其中也有一些在兩者間轉換。這些運動之間不斷加強的聯繫也為彼此增強了政治力量：儘管這些運動的組織者對科技持懷疑的態度，但實際情況是網絡使這些基層組織能更加有效地計劃和開展運動。網絡給它們提供了便捷的聯繫方式，使它們能

與國際機構，慈善機構，以及救援組織、綠色和平組織、樂施會、人權觀察和大赦國際等國際組織保持日常的聯繫。這些國際組織可以向它們提供資金或當它們在當地法院或國際法院提起訴訟時，向它們提供法律上的幫助、外界的監控，並在戰略性的關鍵時刻喚起全世界人的關注。自下而上的全球化運動與自上而下的全球化運動和控制力量相抗爭，而且這種抗爭力量越來越強。

圖17　「打倒你們這些大壩建造者」。當地女性組織起來反對建造納馬達水壩，默黑什沃爾（Maheshwar），印度，1999年。

是甚麼使後殖民女權主義具有了「後殖民」的特徵？

　　後殖民女權主義是否可以同「第三世界女權主義」或「第三世界政治活動中的女性」之類的範疇加

以區別呢？從廣義上講，後殖民女權主義包括所有第三世界中的女性對父權社會中佔統治地位的意識形態的反抗。這些激進的政治活動包括與當地權力機構進行抗爭，或對種族主義者和第一世界中的人們（包括女權主義者）的歐洲中心觀發起挑戰和提出質疑。在後殖民國家，後殖民女權主義認為，它的政治活動是在這樣一個框架下展開的：對殖民主義的積極繼承，以及當地的精英份子對殖民者的基礎設施的繼承、接管或佔有。所有為平等而鬥爭的女性都反對這個框架中的諸多障礙，並在後殖民時代同這些現實情況進行着激烈的鬥爭。女性鬥爭很清楚地表明了這樣一個情況：反殖民鬥爭反對的是殖民統治，其政治目標是要爭得國家主權；而後殖民鬥爭反對的是後殖民政權，反對的是推行新殖民主義的西方國家的利益。大多數有關後殖民主義的學術著作強調的是對反殖民過程的歷史性分析，而不是後殖民國家中反抗當代種種權力的政治哲學。女權主義者所採用的則是相反的方式。

對「後殖民」這一術語的普遍使用意味着，就其歷史意義而言，後殖民這一概念可以在眾多不同的政治活動中加以使用。後殖民國家的任何政治行動都可以被認定為具有後殖民性，但這並不意味着這些行動包含着後殖民主義的政治色彩。而許多有女性參與的群眾性政治運動也不一定摻雜着不同的性別觀點。即使那些女性的活動可以從境遇和意識形態的角度被準確地描述成具有

後殖民的特性，也不能說她們具有相同的特點。以突尼斯兩個著名女律師——納斯哈維(Radia Nasraoui)和哈里米(Gisèle Halimi)工作上的不同為例，納斯哈維一直在突尼斯這個後殖民國家為反抗侵犯人權而鬥爭，可她並沒制訂任何明確的女權主義的運動計劃；哈里米則從突尼斯移居到了法國，但在反殖民問題和女性問題方面，她同法國的殖民者和後殖民者進行着鬥爭。可以說這兩位女性的工作都具有後殖民色彩，但作為女性中的活動家，她們的政治活動仍有所不同。

> 那麼，人們以怎樣的方式向數百萬個沒有接受過教育的印度城鄉女性學習或同她們交流呢？這些女性生活在資本主義的「毛孔」之中，很難共享交流的渠道，明確共同的敵人。那些為第一世界的女權主義者而寫的、關於第三世界的、開拓性的著作都是由有特權的消息靈通人士寫就的，只有那些訓練有素的讀者才能理解這些著作……
> 身心疲憊的民族主義者並不認為只有當地人才知道這些情形。為了能夠對第三世界的女性有足夠的了解並且發展出不同的讀者群，在此我所要強調的是，該領域中存在的巨大的差異性必須被正確地評價，而且第一世界的女性必須要學會放棄作為女性所具有的優越感。
>
> 斯皮瓦克《在他者的世界裏》(1987)

　　1998年2月11日，突尼斯一個平常的早晨，一個攝影記者拍下了這樣的場景：納斯哈維站在空空如也的

辦公室裏，原來的辦公設備、檔案和計算機都沒了。但這並不是搬家。警察搜查了她的辦公室，把她的檔案、法律文件、書籍和計算機都帶走了。

四年前，她的丈夫哈瑪米(Hamma Hammami)被指控是突尼斯共產黨黨員，所以他躲藏了起來並被缺席審判，但他最終在蘇塞被捕，遭到警察的折磨，隨後被關入巴格內監獄。大赦國際受理了此案，二十一個月之後他才被釋放。1998年2月大學生罷課並舉行示威遊行，幾個學生和早已被列入當局名單的可疑份子(包括哈瑪米和他九歲的女兒)被暫時關押起來。獲釋後哈瑪米又過起了逃亡生活，此後再次被缺席審判。由於他的家人全都遭到當局的不斷騷擾，他於2002年1月15日公開露面，開始服刑。

納斯哈維為反對腐敗的後殖民政權而進行着鬥爭，在這樣的政權之下當權者會對其政治對手施行任意的、不公正的監禁和折磨。作為一名律師，納斯哈維為這些遭受監禁的人辯護，當然最主要是為她丈夫哈瑪·哈瑪米辯護。哈瑪米是突尼斯共產黨——一個未取得合法地位的政黨的創建者之一，而且是遭禁的《埃爾巴迪爾報》的執行編輯。2002年6月26日是世界禁止酷刑日，在這一天，納斯哈維宣佈她開始進行絕食抗議。絕食抗議的目標就是要求當局立刻釋放她丈夫，並且抗議自從本·阿里(Zine al-Abidine Ben Ali)總統當政以來她丈夫遭受的肉體和精神上的折磨，以

及由於警察的不斷騷擾而使她女兒「經常遭受精神折磨」。持續了三十八天的絕食抗議引起了突尼斯以外的國家的廣泛關注，在講法語的國家裏，人們更加關注她丈夫的案情以及突尼斯國內對人權的普遍侵犯。迫於外界的壓力，9月4日突尼斯當局有條件地釋放了哈瑪米。納斯哈維同突尼斯政府的不公正進行鬥爭，她的勇敢鬥爭當然稱得上具有後殖民色彩。現在她仍在繼續鬥爭，拒絕放棄。在這種情況下，她把鬥爭的中心放到了政府權力的濫用上，她將政權對於人權的侵犯作為鬥爭的出發點(毛澤東可能會這麼總結)。這與後殖民的政治活動相一致，但其本身並不是源於後殖民女權主義者的觀點。埃及女權主義者賽阿達微(Nawal el Sa'adawi)寫的她在獄中的經歷就與此不同。這同樣也使人們想到昂山素姬(Aung San Suu Kyi)在緬甸為爭取民主和人權而進行的鬥爭，不過她要在一個根據不同文化和道德原則構建的國家裏建立西方自由主義的意識形態，毫無疑問，她的想法與甘地所提出的結合了法律要求的道德原則是一致的。

雖然哈里米出生在突尼斯，但她卻是在法國接受的教育，並於1956年取得了律師資格。之後她立即開始為阿爾及利亞民族解放陣線擔當辯護律師。1961年她成功地為一名在法屬殖民地阿爾及利亞受到警察折磨的阿爾及利亞女孩布巴莎(Djamila Boupacha)辯護，因而名聲大振。這個著名的案子使她與西蒙・德・波

伏娃（Simone de Beauvoir）和薩特（Sartre）結下了友誼，之後她還為巴斯克地區的恐怖份子出庭作過辯護。而且作為一名律師，她還就一些與女性有關的問題積極進行鬥爭，尤其值得一提的是1972年的博比尼墮胎案。1971年她創立了選擇組織，該組織創建的目的就是為了為某些非法墮胎的女性（她們有意讓公眾知道她們曾經非法墮胎）進行辯護。這一組織隨後開展的活動有力促使了法國政府於1974年宣佈墮胎合法化。哈里米繼而當選法國國民大會和法國駐聯合國教科文組織的代表。2000年10月，她再次受到人們的關注，因為她要求法國人民承認並且面對法國政府曾對阿爾及利亞人民進行的經常性的折磨，呼籲總統和總理對此加以公開譴責。她迫使法國公眾正視其殖民歷史在後殖民時期留下的遺患。法國曾殘酷鎮壓阿爾及利亞的獨立運動，哈里米的舉動使得人們對此事的道德標準重新進行了深刻的反思、改造和評價，而此事造成的影響仍繼續在這兩國之間回蕩着。

因此，由於地點不同，後殖民國家女性的特定狀況或者大都市移民的後殖民狀況也有所不同，結果就造成了政治活動沒有單一的模式。一種能指導道德規範和實踐目標的、共同的、更加廣泛的政治哲學使政治活動具有了後殖民的特徵。作為一種政治哲學，後殖民主義首先意味着，那些發現自己在政治上和管理上仍處於別國控制下的國家要取得自治權。一旦取得

了國家主權，後殖民主義就要求改變這個國家的政治基礎，對那種約束性的、中心化的文化民族主義霸權進行積極地改造，這種霸權在反殖民鬥爭中可能是必要的。後殖民主義意味着：賦予貧困者、無依者以及社會地位低下者更多的權利，寬容差異和多樣性，在民主和平等（這種民主和平等拒絕把西方異化了的思維方式強加給三大洲）的框架內確立少數民族的權利、女性的權利和文化權利。後殖民主義抵制各種形式的剝削（包括對環境和對人類的剝削），而且抵制單純為了企業資本主義的利益而施加的壓迫性行為。後殖民主義對伴隨着企業資本主義出現的社會關係的商品化及個人主義至上的信條提出了挑戰。後殖民主義反對任何形式的對貧窮者和無權者的剝削——從對自然資源的佔用，到商品和作物之間不平等的價差，再到國際色情貿易。後殖民主義意味着任何人，包括男女老幼都能得到基本的安全、衛生、保健、食物和教育的保障。後殖民主義不但支持產業工人的事業，而且也支持下層階級的事業。所謂下層階級也就是指那些因為性別或種族而在社會生活中被邊緣化了的社會群體，迄今為止他們仍不具備參與激進階級的政治活動的資格。在鼓勵個人的真誠和利他主義的同時，後殖民主義也對回歸民族或文化的「真實性」提出了質疑，認為構建這種「真實性」帶有可疑的政治目的。後殖民主義認為最有成效的思維方式是那些在消除權力等級

的建設性對話中，跨越學科和文化，自由地相互影響的思維方式。

後殖民主義對屬下階層、農民、窮人以及被社會排斥的人表示出強烈的同情，這就使其遠離了社會精英份子的高層次文化，同時也使其與這些屬下階層的文化和知識的關係更為密切。屬下階層的文化在歷史上通常被認為是毫無價值的，但後殖民主義卻認為這種文化具有豐富的內涵，而且這種知識是一種反傳統的知識。後殖民主義的同情和興趣集中到了處於社會邊緣的人身上，那些人由於全球資本主義力量的發展而產生了文化錯位，處於不確定的狀態，這其中包括難民、從鄉下移居到城市貧民區的人，還有那些處於社會最底層但是為了更好的生活而來到第一世界奮鬥的移民。長期以來，後殖民主義意味着一種改變社會的政治，一種致力於消除社會不平等現象的政治，這些不平等包括世界範圍內不同國家擁有的財富不同，國家內部的階級、種族和其他社會等級不同，在社會和文化關係的各個層面上的等級不同。後殖民主義結合並吸收了來自激進社會主義、女權主義和環境保護等方面的因素。後殖民主義與自己所吸收的這些方面的不同之處就在於它有三大洲、第三世界和屬下階層的視角，而且它的重點也在於此。對於西方國家的人來說，後殖民主義就是對世界的顛覆。後殖民主義是用從下往上，而非從上往下的視角來觀察和感知世界

的。它的眼睛、耳朵和嘴巴是埃塞俄比亞的女性的，而不是外交官或大公司的首席執行官的。

在後殖民的政治框架中，性別是實現目標的一個條件。在後殖民主義中，性別政治的中心地位可以簡單地通過與「第三世界政治活動中的女性」相比較來加以說明。「第三世界政治活動中的女性」是某個章節的標題，它出現在一本非常有影響的比較第三世界政治活動的教材中。現在存在一種大男子主義的觀點，這種觀點認為，現成的選民和第三世界的政治活動都已經存在了，女性通過觀看自己在這個領域內的活動就可以得到充分的滿足。政治暗含的意思就是，政治基本上是屬於男性的活動和社會空間。這一章將會探討女性是怎樣在一個並不是由她們塑造的社會中發揮自己的作用的。還有一種後殖民觀點認為，如果沒有女性就沒有第三世界的政治，而且女性已經在廣義的層面上對政治的構成下了定義。因此，女性不僅已經成為政治活動中的積極參與者，而且她們顯然也已經登上了自己的政治舞台。

傳統的馬克思主義分析方法總是強調在工廠工作的女工的作用，而自20世紀60年代以來，西方女權主義者卻認為女性的家務工作也具有政治意義。但藉助於心理分析和身份確認的手段，我們可以發現這樣的觀點更強調主體性和性別特徵。後殖民女權主義的確注重分析後殖民環境中女性的緊張狀態，無論是後殖

民狀況還是大都市都對她們造成了壓迫。後殖民主義關注的中心並不是個人問題，而是那些對整個社區構成影響的問題。因此，後殖民主義更加關注那些為爭取眾多權利而開展的社會和政治運動，包括為爭取物質、文化和法律權利而開展的運動，它關注法律、教育和工作方面的平等對待，關注環境保護以及西方之外的女權主義者遇到的價值觀同她們希望遵守的價值觀之間的差異。作為一種激進的政治活動，後殖民主義涉及的是基層群眾運動，而不是政黨的政治運動。這與當今人們對國家層面上的政黨和政治組織的興趣降低是相關聯的。雖然後殖民主義沒有必要像傳統的政治活動那樣停留在國家層面上，但也不是說後殖民政治活動在傳統的政治空間中要避開政治干預。在概念和實踐上，後殖民政治基本上是一種跨越國界的國際政治。面貌一新的三大洲並不是在政府層面上通過國家機構合作而產生的結果，而是通過普通人共同努力，結成聯盟，跨越大洲，自下而上取得的成果。

後殖民女權主義從來沒有作為後殖民主義的單獨實體而行事，而是直接引起了後殖民政治活動形式和力量的變化。後殖民女權主義者把關注的焦點放到了一些突出的問題上，包括非西方的女權主義該如何平衡民族主義、社會主義的女權主義、自由主義和生態女權主義的政治要求，以及該如何對廣泛存在的父權制提出挑戰。父權制通常受到制度和法律上的區別對

待，包括家庭暴力、性虐待、強姦、榮譽殺戮、因嫁妝不足而被夫家燒死、非法墮胎和虐待兒童。在後殖民體系內，女權主義始於對特定地區的普通女性狀況的調查研究，同時它把更多的問題聯繫起來以便發現她們更多堅實的共同基礎，進而對她們的狀況進行思考。後殖民女權主義突出強調的是，女性仍在努力同殖民殘餘作鬥爭，而殖民殘餘本身在制度、經濟、政治和意識形態上就帶有強烈的父權制色彩。

通常，有關三大洲女性政治活動的著作要麼描寫運動或組織，而非政黨或個人，要麼分析特殊群體（如季節性女工、血汗工廠的工人或性工作者）所遭受的壓迫。在有關屬下階層的其他反抗形式、農民運動或反資本主義組織的著作中，這是很常見的。與此相似的是，在後殖民體系中，從事激進政治活動的屬下階層很難進入政權的主流體制中，很難像巴西勞工黨的伊納西奧·達席爾瓦（盧拉）那樣——他於2002年8月當選巴西總統。或許某一天副司令馬科斯，甚至司令埃斯特將會成為墨西哥總統。誰又知道呢？

取得政治權力的屬下階層當中，最著名的女性激進主義者或許就是處於印度最底層的戴薇（Phoolan Devi）。在印度昌巴爾地區，當地人把她稱作美女土匪，她是那裏無可爭議的峽谷女皇。1981年她在北方邦的伯買殺掉了二十名處於社會高層的地主，因而惡名遠播，她之所以這樣做是為了報復一伙地主對她的

強姦(這是她遭受的最嚴重的暴力)。1983年她向政府投降了，放棄了侵犯他人的暴力和為爭取正義而採用的野蠻手段，並被關押了數年。然而，最終她當選下議院議員，並宣佈她渴望為窮人、受壓迫者、被剝削者和所謂的「最落後的階層」服務。這確實是她着手要做的，但媒體卻用更多的篇幅來討論根據她早年經歷拍成的影片《土匪女皇》的優點與過失，而不去關注她的政治工作。璞蘭是印度一個具有戲劇性和高度可視性的象徵，她維護了屬下階層的女性和被壓迫的下層階級的政治權力。她的存在引起了一場持續的反抗，這場反抗針對的是對於印度達利特人的根深蒂固的壓迫性行為。戴薇於2001年7月被暗殺。作為一名深受大眾歡迎的女性英雄，她和切格瓦拉、法農以及副司令馬科斯一起成為窮人和被壓迫者中的鬥士的代表。

賤民：種姓

戴薇的事例有力地表明了，並不是屬下階層反抗的每一種壓迫都是殖民主義留給後殖民時期的遺患，儘管歷史上在某些方面它們經常交織在一起。甘地反抗英國對印度的殖民政策，但他也為女性爭取權利，也為結束種姓制度(尤其是賤民觀念)*而鬥爭。

---

* 印度的種姓制度把居民劃分為四個種姓：第一個為婆羅門(祭司和僧侶)，第二個為剎帝利(貴族和武士)，第三個為吠舍(農民、商人和手工業者)，第四個為首陀羅(奴隸和失去土地的自由民)。被排除在四個種姓以外的居民則為「賤民」。

在印度有四個主要的種姓，在這四個種姓之下還有第五個群體，他們被稱為「沒有種姓」的群體，也就是說他們自己沒有種姓。由此產生的結果就是他們被認為是賤民，而且可以據此推斷他們是受壓迫和受剝削程度最重的群體。種姓在出生時就規定好了。印度四分之一的人口是達利特人——他們這樣稱呼自己（達利特的意思就是「受壓迫者」或「破產者」）。他們做傭工，打掃廁所、街道等等，生活在隔離區，通常住在排水溝的下坡地段。他們幾乎沒有受教育的權利，也得不到醫療保障。其他種姓的人認為他們不乾淨而且道德敗壞，因此他們每日都會遭受侮辱（被歧視的例子包括：當穿越村莊內高種姓人的住宅區時必須得把鞋脫掉，在公共汽車上不能坐着，不能從公共水井裏打水，不能進入印度教的寺廟）。與此同時，高種姓人不光在經濟和物質上剝削他們，還對女性實施性侵犯，並且在精神和肉體上不斷地折磨他們。按傳統慣例，底層的女性不准用罩衫蓋住乳房，以確保掠奪成性的高種姓男子可以隨時觸摸。即使現在，警察還認為對達利特人的搶劫、攻擊和強姦不是真正的犯罪行為，通常警察會漠視他們，並且拒絕對犯罪者採取行動。達利特人的狀況是由印度教本身造成的，因為種姓觀念是印度教的基本組成部分。

在20世紀，達利特人發動了許多政治運動來改善由於出身而使自己地位低下的狀況，其中最著名的當

屬傑出的安姆貝德卡爾(B.R. Ambedkar)領導的運動。通過鬥爭他成功地就印度管理實踐中的某些方面與當局者達成了一些協議,增加了一些對達利特人的保障。20世紀70年代一個自稱為「達利特豹」的達利特青年組織,效仿美國的黑豹黨在孟買創立,這激勵了全國各地其他戰鬥性團體的發展。現在為達利特人爭取人權的運動在印度國內和國際上都在開展着。儘管開展了各種運動,但在許多方面達利特人的情況仍然和過去一樣,沒有大的改變。在2000年的古吉拉特邦大地震之後,出現了達利特人在分發救濟品時普遍受到了歧視的報道。甚至組織緊急地震援助也與落後的種姓制度聯繫了起來。由於在印度教中處於卑賤的地位,他們永遠被排除在外,成為被遺棄者,所以他們不得不把信仰寄託到別的宗教上。許多達利特人皈依了基督教和伊斯蘭教。其他人,包括一些著名的達利特人,如安姆貝德卡爾和戴薇本人都皈依了佛教。

在斯里蘭卡佔統治地位的僧伽羅人信仰佛教,在那裏也有相似的被排斥的群體——饒迪亞人(饒迪是「污穢」的意思)。令人感到奇怪的是,饒迪亞人中的女性傳統上就以美麗而著稱,這明顯體現在當地的攝影公司拍攝的饒迪亞女性的色情照片上。這些照片自20世紀早期以來被印在明信片上,在歐洲傳播。人數居多的僧伽羅人把饒迪亞人從他們的社區和村莊中驅逐出去,強迫他們穿着標明特定種姓的服裝,拒絕給

圖18　戴薇帶着自己的部下向平德村走去，去參加向政府投降的儀式，
印度，1983年2月12日。

　後殖民主義

他們土地和工作。殘忍的是，饒迪亞人唯一被允許進行的活動就是乞討施捨物。這比對泰米爾人的歧視更嚴重，時至今日泰米爾人還遭受着嚴重的歧視。但值得注意的是，作為印度教的信仰者，泰米爾人內部也存在分等級的種姓制度。

後殖民的政治活動同樣反對由種姓或種族帶來的歧視，無論這種歧視發生在何地。這種政治活動正在努力把源於壓迫之上的差異轉化成一種積極的、跨文化的社會多樣性。

第六章
從後殖民的角度解讀全球化

切格瓦拉閱讀《全世界受苦的人》

自治是我們的權力——就像是感覺陽光，嗅聞花香或熱愛同類一樣，無須施捨也不容剝奪。

愛爾蘭民族主義者凱塞門（Roger Casement）爵士1916年
在接受叛國罪審判中的辯詞

1965年3月，一架大不列顛的客機從阿爾及爾出發，途經布拉格市，中途在愛爾蘭西部的香農機場停留的時候發生了故障，旅客們被迫在那裏停留了幾天。這些旅客是在去古巴的路上。一天晚上，他們抽光了雪茄，所以決定去香農市裏看一場牛仔電影，但是沒有看成。於是他們擠進了一家酒吧，要了一些啤酒。酒吧裏擠滿了人，在擁擠中一個當地的愛爾蘭人撞在了一個古巴人身上，啤酒灑了他這位蓄鬚同伴一身。這個古巴人就是切格瓦拉。

這個濕漉漉但卻熱烈的愛爾蘭式歡迎引發了切格瓦拉一連串獨具特色的俏皮話。切格瓦拉的曾祖父林奇（Patrick Lynch）在18世紀從愛爾蘭西部的梅奧移民到

了古巴。根據老一輩留下的歷史悠久的傳統，切格瓦拉只是高興地又要了一杯啤酒。在酒吧以及在香農停留的大段時間裏，切格瓦拉一直在與古巴著名的詩人及批評家雷塔馬（Roberto Fernandez Retamar）交談，那時候，羅伯托是古巴著名的美洲之家出版社的主任。切格瓦拉向他推薦説自己手頭上有一本翻譯的書可以在古巴出版發行，在切格瓦拉的這次非洲之旅中，這本書對他的影響與日俱增。這本書就是由法農所著的《全世界受苦的人》。

　　非洲的革命已經滲透進了拉丁美洲的革命。這當然不僅因為非洲革命的代表法農來自拉丁美洲。你也許會説在20世紀有三個革命的非洲，而並非一個。它們分別是馬格里布地區的革命，特別是阿爾及利亞的獨立戰爭；然後就是撒哈拉沙漠以南地區的革命，它們受到法農精神的鼓舞，並在剛果戰爭中直接受到切格瓦拉的援助；最後就是法農本人參與的非洲革命（非洲裔美洲人的更具有戰鬥性的革命傳統在歷史上總是不可避免地與加勒比海的介入相混合）。著名的切格瓦拉-魯蒙巴俱樂部是20世紀60年代洛杉磯地區的一個軍事化的、全部由黑人參加的共產黨組織，這一組織的建立形象地表現了上面所提到的非洲—加勒比海的革命衝動（黑人社會主義運動的復興也與此類似），這一組織自覺地成為黑豹黨領袖斯卡米克爾（Stokely Carmichael）、勒羅依·瓊斯（Leroi Jones）及休伊·P.牛頓（Huey P. Newton）領導的橫

跨三大洲的革命鬥爭的一部分。值得一提的是，這個全部由黑人參加的組織，它的名稱的一半卻是來自一個白人：切格瓦拉。但是作為一個西班牙裔的美洲人，在美國人看來，切格瓦拉畢竟不算是白人。

從這一時期切格瓦拉的著作與講話中可以看出，他的視角已經有了明顯的變化。他的着眼點已經從在古巴建立社會主義轉移到了用法農的視角來重新審視這個被一分為二的世界。一方是具有剝削性質的帝國主義國家，另一方是進步的社會主義國家。在「巫師計劃」（美國中央情報局實施的「顛覆行動」的一部分）之下，剛果剛解放不久，它的天才領袖魯蒙巴（Patrice Lumumba）在聯合國的眼皮底下被暗殺。這一事件再加上美國發動的越南戰爭，傳達出了一個新的信號：非洲國家以前所取得的一系列獨立只是標誌着從此進入了西方以另一種形式統治的新時期。極具號召力的著作《全世界受苦的人》鼓舞了新一輪的反帝運動。書中最難以理解的一個方面就是，法農論證了在反殖民鬥爭中應該使用暴力。他的觀點基於這樣的一種認識：暴力既不是文明也不是法律，而是殖民主義存在的一個必不可少的條件。他指出，殖民統治只是試圖使殖民暴力合法化和正常化，而殖民暴力首先使得一個國家被佔領，然後確保殖民統治能維持下去。

1961年《全世界受苦的人》出版，隨後它迅速成為實現非殖民地化的像《聖經》一樣的權威著作，鼓

舞了全世界範圍內不同形式的反殖民統治和反殖民壓迫的鬥爭。當第一個英譯本於1963年在巴黎由非洲再現出版社出版時，書名只是簡單地被譯成《受詛咒的人》。兩年後，當它在倫敦出版時就改成了現在的名字《全世界受苦的人》。在此後的第二年這本書在美國發行，並且被加上了一個副標題《一個黑人心理分析家對當今世界種族主義和殖民主義問題的研究》。當1968年它以平裝本大量出售的時候，這個副標題變成了《改變世界格局的黑人革命手冊》。想一想吧，為甚麼是1968年而不是別的甚麼時間呢？想一想這本書的書名在五年時間裏所發生的變化：從《受詛咒的人》到《改變世界格局的黑人革命手冊》。

和那些為西班牙共和國而戰的人一樣，法農是一個國際戰士。在許多方面，他的思想觀念是世界大同，他總是站在被壓迫和被歧視的人民一邊，他考慮的問題是全世界的問題而不僅僅只是本國的問題。他表現出強烈的人道主義精神，和毛澤東一樣，他非常強調農民參與革命的重要性，所有這些使其與另一位著名的國際主義革命家和富有獻身精神的活動家切格瓦拉齊名。兩人走的都是非主流路線。切格瓦拉（1928–1967）與法農（1925–1961）幾乎是同齡人，而且都是英年早逝。切格瓦拉1963年7月首次訪問了阿爾及爾，當時正值阿爾及利亞獨立一周年。在這次為期三周的訪問中，切格瓦拉與阿爾及利亞左翼政黨民族解

放陣線的領袖本‧貝拉迅速建立起了融洽的關係。那時古巴與阿爾及利亞已經建立了密切的關係，而切格瓦拉與本‧貝拉的思想意識形態非常相近。

1964年12月切格瓦拉到了美國，令美國政府驚慌的是，他在聯合國會議上發表了演說，深刻揭露和痛斥了帝國主義的罪惡。在這次訪問期間，切格瓦拉被馬爾科姆‧X邀請去哈萊姆，在此之前卡斯特羅曾被邀請去過那裏。但是，切格瓦拉考慮到美國政府已經被他在聯合國的演說所激怒，再到哈萊姆發表演說會被看作是對美國內政的干涉，因而沒有應邀前行，而是發去了一封表明團結立場的信。馬爾科姆‧X當眾宣讀了這封信，並做了如下的評述：

> 這封信來自切格瓦拉。我非常高興能夠聽到你們熱烈的掌聲，因為這會讓白人們知道他們沒有權利來告訴我們應該為誰鼓掌，不應該為誰鼓掌。在這兒你看不到反對卡斯特羅的古巴人，因為我們已經把這些人一掃而光了。

切格瓦拉信守要與非洲團結一致的承諾，在聯合國之行後就到了非洲，在那裏和中東地區出席了一系列累人的會議，並開展了一系列的外交活動。這些活動與四年前法農參加過的活動相似，不同點只是切格瓦拉跟隨泛非主義者黑人杜波依斯(W.E.B. Du Bais)

的腳步訪問了中國。就是這次非洲之旅使切格瓦拉真正體會到了《全世界受苦的人》當中所揭露的現實。1965年他返回阿爾及爾的時候接受了法農的遺孀喬西·法農（Josie Fanon）為《非洲革命》雜誌所進行的人物採訪，採訪中他強調了非洲反對帝國主義、殖民主義以及新殖民主義的重要性。他說儘管前途凶險，但是仍存有許多積極的因素，這些積極因素包括法農所說的「殖民主義在殖民地國家人民頭腦中所留下的仇恨」。懷着對法農人道主義精神的敬意，切格瓦拉在這次旅行期間寫下了他最偉大的文章《古巴的社會主義與人》（1965），他在文中有力地論證了，以實現人的價值為基礎的社會應該而且只能通過改變思想意識才能建立起來。在切格瓦拉看來，他所特指的新男性和新女性應該是一個新社會發展必不可少的一部分。他強調說，社會主義不是強加於人民的，而是應該按照人民自己的倫理標準和物質標準產生的。

這次非洲訪問後不久，切格瓦拉就領導古巴遠征軍進入了中非。隨後他領導軍隊進入了玻利維亞，這次遠征是他的最後一次，但結果是令人沮喪的。在某種意義上，切格瓦拉繼承了法農的光榮事業，成為了武裝革命一面活的旗幟。然而他們在去世後愈加出名，成為生氣勃勃的傳奇人物和人們頂禮膜拜的偶像。切格瓦拉永遠活在人們的心中。1966年再版的《全世界受苦的人》把切格瓦拉和法農象徵性地聯繫在了一起。在這版書的封

**frantz
fanon**

*les damnés
de la terre*

FRANÇOIS MASPERO

圖19　法農的《全世界受苦的人》1966年的再版封面。

面上第一次印上了照片，但並非是我們所預料的那些照片。照片上不是阿爾及利亞而是一群非洲革命者，有男性也有女性，他們正在叢林中進行一場游擊戰。這本書以這張照片來紀念切格瓦拉與他的非洲和古巴聯合軍隊那時在剛果進行的革命鬥爭。

和切格瓦拉一樣，法農最偉大的品質之一就是他鼓舞他人的能力。他的出版商馬斯伯樂(François Maspéro)曾有力地描述過法農的這種和切格瓦拉同等的行為天賦，正是這種天賦使得他們極受同時代人的推崇。馬斯伯樂這樣描敘道：

> 在《走向非洲革命》(1959)一書中，法農用一種近似殘酷的簡單語言方式把書中所針對的那些人逼入了絕境。一旦他所傳達出的信息被人們聽到和理解，那麼採取積極的態度參與進去將是必然的發展趨勢。繼續保持沉默只會被看作是另一種形式的拒絕。
>
> 無數人像我自己一樣，從《走向非洲革命》中找到了他們職責的根本以及他們為何而戰。而這種答案多年來一直十分匱乏。我們可以看到，法農只是不斷地在呼籲一種兄弟般的博愛。

法農的第一個出版商和編輯傑森(Francis Jeanson)對此書也有相似的反應。他是《阿爾及利亞，法律之外》

(1955)一書的作者，這本書相當有名，他在《黑皮膚，白面具》(1952)的初版序言中寫道：

> 反抗或許永遠不會停止，但卻有這樣一群人存在：他們對歷史發展的節奏失去了耐心，他們恥於承認除了反抗他們在這個世界上就無事可做了（這個世界碰巧也是他們的），他們在接受失敗時，準備迎接遙遠的人道主義的勝利。他們的存在使得反抗有了唯一的結束的可能。

在這遙遠的人道主義的名義下，無論是切格瓦拉的文章還是法農在民族解放陣線的內部報紙《聖戰者報》上發表的文章，都明顯地提出了對國際主義的強烈關注。這也正是法農通過《全世界受苦的人》中的普救說試圖去實現的。我認為，切格瓦拉自己也認識到了這一點，這個可以在他與喬西‧法農的談話中看出來。在談話中切格瓦拉提到，他計劃通過聯合亞非拉地區廣大殖民地、半殖民地國家去建立「一個洲際的反對帝國主義及其內部同盟的統一戰線」。每當提及他的環非之旅，切格瓦拉都會強調古巴的解放鬥爭與非洲的解放鬥爭的一致性，指出不僅要在非洲而且要在全世界範圍內聯合一切反帝反殖民運動和社會主義國家，建立統一陣線。切格瓦拉和法農的知識背景出奇地相似，都融會了薩特哲學、心理分析、馬克思

主義及毛澤東思想的內容。切格瓦拉極具社交能力，法農卻是一個艱難的孤獨者。兩個偉人不僅有着深邃的思想，同時也有着充沛的體力。法農對暴力的反復強調，似乎是在發洩自己無法遏制的激情、熱情、力量、憎恨、憤怒和不耐煩，以及他語言和態度中的攻擊性(這種攻擊性構成了他獨特的個性)。以上的內容再加上「桀驁不馴」這個詞和他對激進的喀麥隆領導人費利克斯‧穆梅吉(Felix Moumie)(人稱喀麥隆的胡志明)的描述，就構成了一個完整的法農。他是這樣描述費利克斯的：

> 一個最為堅強的、最有活力的、最易衝動的人，他向來高調。他粗暴好鬥，義憤填膺，深愛自己的國家，痛恨懦夫和操縱國家的人。他一絲不苟，勤奮廉潔。革命的激情洋溢在他那六十公斤重的肌肉和骨頭裏。

最後他們還有一個相似點，即無論是法農還是切格瓦拉都不是職業的革命家，甚至他們都算不上是職業的政治家。但他們卻是專業的，他們因為堅信自己同胞的悲慘處境是整個社會的產物，而不僅僅是一種自然的或者個人的不幸，而義無反顧地進行着革命鬥爭。由他們倡導的、跨越三大洲的、人道的社會主義源於他們自己

的生活經歷以及對被壓迫者的憐憫和同情。

我們需要記住，事實上法農和切格瓦拉都是訓練有素的醫生，無論何時他們都會運用自己的醫術治病救人。與此同時，他們每時每刻都在擔負起暴力革命的責任。通過暴力革命來拯救蒼生的哲學悖論，在他們的生平和作品中留有深刻的印記。他們將這一點與醫務工作進行了類比：要治癒殖民統治這一硬傷，就應運用外科手術而不是早期甘地所倡導的整體療法。馬提尼克的詩人和政治家賽薩爾（Aime Cesaire）在法農逝世後給他寫了篇讚語，其中很好地詮釋了這一極具挑戰性的政治哲學。

> 如果「責任」這個詞有甚麼意思的話，在法農那裏它才獲得了真正的意義，那就是他們說的暴力革命。法農為自己樹立起了暴力理論家的形象，認為暴力是殖民地人民用來反抗殖民暴行的唯一有力的武器。
> 然而這種暴力又是非暴力的，這並不是一個悖論。我的意思是說，這種暴力就是正義、純潔和決不妥協。我們必須這樣理解法農：他的反抗是道德上的，他的努力是慷慨的。

法農的反抗是道德上的，他的努力是慷慨的。同格瓦拉一樣，他的反抗也具有不屈不撓的決心：「不選擇社會主義，就是選擇死亡。」

全球化與飢餓

　　後殖民世界是一個混雜的世界。自1968年麥克盧漢(McLuhan)創造出地球村這個概念以來，世界各地的文化逐漸碰撞、融合，而且並存着。全球化主要是科技和傳媒系統的產物，傳媒系統可以在瞬間把發生的任何事情傳播到世界各地(只是在現實中，允許我們看見的東西都是被精心控制的)。尤其是20世紀90年代早期蘇聯和所謂的東方集團解體後，全球化趨勢勢不可擋，世界經濟逐漸一體化。當多國和跨國公司在西方成熟市場尋求經濟快速增長已經不再可能時，它們轉向了世界市場，不約而同地在貧窮和政治穩定的國家(專制的國家最好)採用外包、設立呼叫中心的方法來降低成本。今天，在世界經濟一體化和國際勞動分工的大環境下，幾乎所有的社會都受到了它們以這樣或那樣的方式所施加的影響。

　　在一定程度上，這意味着世界的某些方面——尤其是日用品的生產被標準化了，結果無論人們在哪裏買到的都是一樣的牙膏和剃鬚刀。這種情況也許不會再繼續了。麥當勞——這個名子已有了全球化的含義——如今已成為反資本主義者的鬥爭對象的象徵。據稱麥當勞兩年來利潤不斷降低，儘管它每天向一百二十一個國家四千六百萬人提供漢堡包，最近仍然遭受了損失。這可能是因為世界各國人民已經開始意識到，總的來説還是本土食品更加可口，也許還更

加健康。畢竟在這個瘋牛病流行和給動物注射生長激素的年代，含大量脂肪的牛肉一般不是人們的健康選擇。為甚麼美國人越長越高？想想這個問題吧。南美洲的情況就很不一樣，那兒的人給牛注射雌性激素以使它的肉更加柔軟。

麥當勞現已發表了它的《社會責任報告》，承認「麥當勞或許在世界上許多地方代表不同的意義」，過去麥當勞自稱是「實踐社會責任的典範」，現在這一舉動威脅到了它的形象。抵制麥當勞擴張的運動可能是美國商業全球化歷史的分水嶺。當世界人民把美國本身與美國夢中的富有與自由聯繫在一起時，美國商品品牌的全球化運行良好。在嚮往邊境以北幸福生活的墨西哥人當中，人均喝的可口可樂比世界上其他任何一個民族喝的都多，此事絕非巧合。如果你被邊境警察遣送回來，還可以坐下來喝杯可樂安慰自己。另一方面，美國為了實現自己的利益，在伊斯蘭國家廣泛推行武力壓迫的帝國主義政策，在那裏情況卻大不相同。在以辛辣食物為主而且禁酒的炎熱國家，可樂是一種理想的飲料。然而口渴的穆斯林選擇喝「梅卡可樂」，一種為穆斯林生產的飲料，「梅卡可樂」的利潤被捐給了巴勒斯坦的慈善機構。

多國或跨國公司產生了兩種影響。對這種公司施加壓力使其停止污染或破壞環境，比對本土自行其是的公司施加壓力更容易，這一點近年來已很清楚。與跨國

公司相比本土公司可能對這種抱怨不予理睬，例如亞馬遜地區的伐木公司和採礦公司。相反，像Shell或Nike這樣的公司在當地的行為最終還是容易受到國際壓力的影響。Shell公司縱容它的尼日利亞子公司在幾年當中進行了一系列壓迫歐格尼人民和破壞當地環境的活動，這種做法已經臭名昭著。在遭到連續的抗議後（由尼日利亞小說家薩羅維瓦（Ken Saro-Wiwa）領導，直到他服死刑），Shell最終大大改變了做法。在尼日爾三角洲工作的其他許多石油公司就沒有做到這一點。

「好食品—雀巢—好生活」

　　一些跨國公司在社會輿論界的名聲繼續惡化。例如，雀巢公司（自稱「世界領先的食品公司」）2002年12月對外宣佈決定向埃塞俄比亞政府索取六百萬美元的賠償，原因是1975年埃塞俄比亞前政府將其企業收為國有。但是，雀巢直到1986年購買德國母公司時才獲得對那家企業的權益。埃塞俄比亞是全球最窮的國家，它那時遭遇了二十年來最嚴重的飢荒，六百萬人靠緊急糧食救濟生活。埃塞俄比亞政府拿出了一百五十萬美元的救濟款，然而，雀巢公司要求按照1975年的外匯匯率得到全額賠償。國際咖啡價格的猛跌使飢荒所造成的後果更加嚴重，因為咖啡是埃塞俄比亞四分之一人口的支柱產業。埃塞俄比亞是世界人均收入最少的國家，人均大約每年一百美元，超

過十分之一的兒童未滿一周歲就會死亡。作為全球最大的咖啡製造商，雀巢公司2001年的年利潤達到了五十五億美元。現在許多埃塞俄比亞農民不得不以低於成本的價格出售他們的農產品。埃塞俄比亞人均年收入僅夠每星期從「全球領先的食品公司」買五十克雀巢咖啡。

雀巢公司的行為在報紙頭版、電台和電視上被報道出來，大批表示抗議的電子郵件像雪片一樣從世界各地發來，要求雀巢盡快改變態度。12月19日雀巢代言人聲稱該公司是不得已「按照原則」將埃塞俄比亞政府告上法庭索取六百萬美元賠款。次日，雀巢公司決定把得到的全部索賠款重新在埃塞俄比亞進行投資。為此《金融時報》毫不隱諱地報道說：

> 這家瑞士公司是全球最富的、最有影響力的公司之一。昨天，它在投標中提出要緩和這次具有破壞性的群眾抗議，該抗議主要反對它長期以來向世界上最窮的國家索要賠償。

請注意，雀巢接受了全球抗議，承認它的所作所為有些不合情理，並意識到社會形象不佳會帶來幾十億的損失。還有很多事情是我們不知道的。把這些我們不知道的事情撇開，你自然想知道，這家公司還會做出甚麼別的事情來。

長期以來，雀巢公司一直是國際嬰兒食品行動聯盟的攻擊目標，該聯盟稱雀巢和其他公司在發展中國家違反了國際母乳代用品的銷售守則。根據國際嬰兒食品行動聯盟的統計，在第三世界國家每三十秒就有一名兒童死於不安全的奶瓶餵養。尤其像雀巢這樣的巧克力和咖啡製造商，已成為追求公平貿易標準的活動家、慈善機構和環保組織的攻擊對象。種植咖啡、茶葉和巧克力等作物的當地農民則得到了保障：他們的產品會以合理的價格賣出，這樣他們就能夠糊口。一個成功的策略就是國際公平貿易組織的發展，該組織為當地生產者提供銷路，並為消費者提供選購帶有公平貿易標籤的產品的機會。公平貿易產品主要是農產品，如咖啡、茶葉、糖、大米和水果，但今天該體系正向工業產品擴展。

為甚麼實行公平貿易？

國際貿易似乎是一個遙遠的話題，但是一旦商品價格大幅下降就會給數百萬的小規模生產者帶來災難性的打擊，迫使無數人負債纍纍甚至失去土地和家園。

公平貿易基金會的存在，是為了確保處於不利邊緣的第三世界的生產者能夠獲得更好的貿易機會。該基金會由天主教海外發展機構、基督教援助組織、新消費者、樂施會、萃藝和世界發展運動所創立，它向符合公平貿易國際認可標準的產品授予消費者標籤，即公平貿易標誌。後來英國最大的婦女組織婦女協會也加入進

來。公平貿易確實改變了人們的生活：

- 它挑戰了傳統的貿易模式，為一個更加美好的未來提供了另一種進步的選擇。
- 它使消費者在購買第三世界國家產品的同時擔負起責任。

公平貿易基金會網站，www.fairtrade.org.uk

除商界和經濟界以外，很少有人認為全球化是一種特別積極的現象。能促成全球化的機構經常受到譴責，尤其是世界銀行、國際貨幣基金組織和世界貿易組織。人們之所以反對世界銀行，是因為它制定的嚴厲條款只符合它自己所希望的經濟需求規則，而不符合參與國家的規則。世界銀行與政府合作，而不與人民合作，這一做法使這種情況更加嚴重。它似乎從不接受教訓。由於受影響的當地人民從未被考慮在內，所以世界銀行的大型項目一次又一次地遭到譴責。例如，為替換20世紀80年代災難性的勃洛諾若艾斯特項目，世界銀行在巴西建立了勃朗納法若項目，該項目是作為一個可持續發展項目而設計的，在規劃時就沒有讓受到影響的當地民眾參與進來，後來只是在西方環保組織的壓力下才諮詢了當地民眾。世界貿易組織就其本身而言，似乎只是一個幫助西方公司或跨國公司以最優條件進入其他市場的團體，而這種優惠卻不是相互的。面對向非西方世界的低價傾銷，世貿組織卻無所作為。

貧窮與飢荒

從另一方面講，只是一味地責備世界銀行和世界貿易組織，無濟於事。非西方世界的貧困現象，至少是人民的苦難，一部分也是由當地政府直接造成的。飢荒便是一個例子。在津巴布韋人們爭議的話題是，為甚麼穆加貝(Mugabe)總統在土地重新分配方面拖延了這麼長的時間，為甚麼他只是在這個國家發展停滯之後才開始這項工作。這項工作拖延如此之久以致非洲南部爆發了一場飢荒，這是不可原諒的。即使這是殖民主義的遺患所致，土地重新分配方面的管理失職也是一個重要原因。

最近一段時間，歷史學家和經濟學家一直在研究飢荒史以及歷史上飢荒在何種程度上是人為造成的，或是因政府和殖民統治者的錯誤而加劇的。阿瑪蒂亞·森(Amartya Sen)曾對印度和其他地區的飢荒做過著名的研究。森認為飢荒更多的是由權力關係而非糧食匱乏所造成的。1943年孟加拉國飢荒餓死了三百萬人，而當時孟加拉國的大米產量是歷史上最高的。類似的還有現在才知道的以下事實：19世紀40年代愛爾蘭大飢荒時，愛爾蘭實際上在向國外出口糧食。現代飢荒中的一大部分是人為造成的。飢荒的歷史習慣於重演。

在印度，當代的飢荒是在不同條件下發生的。據此，許多人設想：今天，印度人餓死不是因為沒有糧食，而是因為他們無權食用這些糧食。與非洲撒哈拉

沙漠以南地區相比，印度有更多的人長年營養不良，一半多的印度兒童體重不達標。而當這種情況發生時，印度生產的糧食實際上完全能滿足全國的需要，並且印度政府的小麥和大米的儲存量佔世界糧食儲存總量的四分之一。不過，很大一部分原因是由於腐敗和效率低下的官僚作風。掌管糧食儲備的印度公共財物分配系統似乎完全無力幫助那些快要餓死的人，如拉賈斯坦邦和奧里薩邦的人。因為糧食的儲存費用就要佔到年度糧食預算的一半，印度虧本在國際市場上出售大米。儘管自己的人民在挨餓，印度出口的大米卻佔世界大米出口總量的三分之一。印度有一半多的人口食不果腹，可為甚麼政府還要花費幾百萬美元搞航天項目？

如此看來，飢荒和貧困並不總是資源匱乏的標誌，而是由分配不均造成的。或者像印度一樣，寧可讓國庫裏的糧食爛掉，也不願開倉賑災。如果說所需要的只是幾輛軍用卡車，那就把問題過於簡單化了。像森指出的那樣，從長遠來看，分配不僅是運輸問題，更是購買力和貿易的問題。然而，在緊急狀態下，人們很容易相信交通和完善的基礎設施能夠緩解糧食分配問題。

在不公平的世界裏分享資源

世界是富有的，世界又是貧窮的。現在世界上有

兩千萬難民和流離失所的人。其他人在貧窮與富裕之間生活着，其間差距很大。國家政權建立了一個巨大的不平等的機構(享用資源和商品方面的不平等)。據估算，如果全世界的國家都像美國一樣消耗資源，人類至少還需要兩個地球。

你可以分析國家內部不同階層之間的收入差距，也可以分析國家之間的收入差距。各國的國民總收入(年均收入)列表很長，呈現出不同的等級。排在最高位的是盧森堡，人均年收入四萬四千三百四十美元。排在最低位的是埃塞俄比亞，人均年收入一百美元。簡單地將所有國家劃分為兩種類型：富裕國家(高收入國家)和貧窮國家(發展中國家)，前者總人口九億，人均年收入二萬六千美元，後者總人口五十一億，人均年收入三千五百美元。這五十一億人口中有一半居住在最貧窮的國家，人均年收入僅一千九百美元。

這些差距激起了全球對我們的經濟環境的不滿。然而，即使是反對資本主義的全球運動也不那麼簡單。資本主義的兩面性超出任何人的想像。據最新發現，許多反資本主義的組織，比如試圖關閉世界銀行和世界貿易組織的全球交流組織，再比如組織游行使得1999年世界貿易組織西雅圖會議以失敗而告終的魯克斯社團都受到了聯合利華的資助，它們是通過本吉里牌雪糕、歐共體和英國國家彩票委員會而獲得資助的。為甚麼資本主義要資助企圖毀滅它的反資本主義

運動呢？為甚麼美國要資助拉登的「基地」組織？它後來對紐約造成了嚴重的破壞，美國親手創造出了一個現在與之交戰的幽靈。這些都是激進的後殖民政治不得不面對的難題。現在的危險是，似乎有一種新的自我解構的政治在起作用，其目的是通過樹立自身的對立面來維護世界新秩序。很顯然，資本主義甚至設法製造出抵抗自己的對象，組織並增加了自我抵制的形式。

也許這意味着資本主義一直都是一分為二的，還有以我們的未來為由進行戰略干預的空間。

第七章
翻譯與轉化

翻譯——文化之間

> 隨着意象漸漸遠去，心目中仍存有一絲清風，被
> 轉化的人消隱在由他們轉化的事物當中。
>
> 布萊澤(Robin Blaser)，《意象與民族第五(消除)》

　　本書意圖在不訴諸後殖民抽象理論的前提下來介
紹後殖民主義。但是這裏我試圖介紹一個概念，這個
概念有助於把一些我們常常碰到的有分歧的問題和情
況聚攏在一起，有助於對後殖民主義分層的對抗性政
治的理解。這個概念就是翻譯。翻譯當然並不是抽象
的，它總是與實際相聯。

　　沒有甚麼比翻譯這個概念更接近於後殖民主義的
中心活動和政治動態了。翻譯是一種把一個文本從一
種語言變換成另外一種語言的活動，這種中立的技術
性的活動似乎與政治色彩很濃、廣受爭議的後殖民世
界相距甚遠。實際並非如此，即使在技術層面上，翻
譯與後殖民主義研究也存在着至關重要的關聯。首先

從拉丁辭源的字面意義上講，翻譯意味着傳送或傳承跨越。翻譯的字面意義與隱喻相似，因為根據希臘辭源，隱喻也意味着傳送或傳承跨越。殖民地開始時就和翻譯是一樣的，也就是把原始的一個文本在地圖的其他地方進行複製。新英格蘭、新西班牙、新阿姆斯特丹、新約克郡(紐約)都是對原來某一片疆土的克隆。一種遠在他鄉的複製將會不可避免地與原地有所不同。

翻譯也是文本從一種語言到另一種語言的一種隱喻性的置換。如果說隱喻涉及一種翻譯版本，就像古希臘哲學家亞里士多德所指出的那樣，那是因為隱喻是把詞的字面意義用於修辭情境之下，這樣從經驗上講那就不是真實情況了。比如「親愛的，你是一個天使！」這句話說的就不是實話。創造一個隱喻就是在策劃一個創造性的謊言，像亞里士多德所指出的那樣，一物並非其物，而非說其是其物。正如19世紀德國哲學家尼采所指出的那樣，甚至真理也只是一種隱喻，只是我們忘記了它也是一種隱喻。我們可以說後殖民分析最關注的是這些語言、文化和地理方面的轉換，關注的是肯定與否定因素的轉換，也就是把事物改換成它原本不是的東西，或者顯示最初它們就不是那樣的。

就翻譯而言，這種轉換也是真實的：把文本從一種語言翻譯成另外一種語言也就是轉換文本的實體身份。就殖民主義而言，把本地文化轉換成殖民控制下

的從屬文化，或者把殖民工具強加進不得不重建的本地文化的各個方面之中。這種轉換或強加是非物質化的轉化過程。儘管如此，本地文化的某些方面同時會保持其自身的不可譯性。

> 由於殖民主義總是在系統地否定他者，並且它還憤怒地否定他者對人類所作出的貢獻，因此殖民主義總是在強迫它所統治的人們不斷地捫心自問：「在現實世界中，我是誰？」
>
> 法農

作為一種實踐，翻譯始於一種不同文化之間的交流活動，但是它也常常涉及權力關係和統治形式。它不能因此而避開政治爭端或自己與當前權力形式的聯繫。翻譯行為不可能發生在一個絕對平等、完全中立的空間內。比如某人正在轉化着某事或某人，某人或某事正在被轉化，正在經歷着一個從主體到客體的轉換，就像圖12中提到的那位阿拉伯女人一樣也經歷着主客體的轉換。再比如那些去北美洲的西班牙人發現自己從一個第一世界的公民變為一個第三世界的「拉美人」。去美國的加納公主發現自己變成了一個二等公民，好像她只是另一個普通的非洲裔美國人。處於被殖民境地的人也就是處於一種被轉化的狀態。

語言像階級和國家一樣，也存在着社會等級，翻譯也是如此。傳統的思維方式是原件高貴，而複製品

略遜一籌。但在殖民主義的思維下，殖民複製品變得比本地的原始存在更加強大，並且貶低本地文化，甚至聲稱這種複製品將糾正本地版本中的缺陷。殖民語言在文化上變得更加強大，它在把自己帶上統治地位的同時也在貶低本地語言的價值，它在這裏反客為主了。殖民化最初的行動是把本地有意義的書面或口頭形式的文本翻譯成殖民者的語言。殖民者通過這種翻譯的方式，把口頭文化轉換成書面的羅網和陷阱，轉換成拉美批評家拉瑪(Angel Rama)所稱的「文字之城」，轉換成自己文化的一種擴散。它與口語文化的社會架構不同，因為只有那些享有特權的少數人才有機會接近它。翻譯變成了對語言係文化和被翻譯人群進行統治係施控係施暴的過程的一部分。殖民化和翻譯之間的緊密聯繫不是始於平等交換，而是暴力係佔用和「解轄域化」。正如愛爾蘭戲劇家弗里爾(Brian Friel)在其戲劇《翻譯》(1981)中所展示的那樣，對風景山水的地理特徵進行命名和重新命名也是一種權力和佔用行為，也經常是一件不光彩的事情，就像在愛爾蘭或澳洲那樣，那裏的版圖繪製已成為帝國主義擴張的必要附屬。

然而，有人甚至認為殖民翻譯總是一個單向的過程，這種想法也是錯誤的。旅行者和征服者經常依賴譯者的服務，並依賴他們的翻譯工作來理解所碰到的關於當地人的一切情況。在現今地圖上仍然存在的很

多地名，現在已經不知道是甚麼意思了，但它們一直沿用下來。在大多數情況下，誤譯被認為是在東方主義的框架下發生的，即在不參考其原有意義的情況下強行張揚這種文化。舉例來說，作家或藝術家甚至會創造一些殖民者所期望發現的意象——例如對於伊斯蘭教徒妻妾的幻想。誤譯也許含有外交手腕的運用和言行不一的可能性，所謂的外交手腕和言行不一，指的可能就是後殖民主義理論家巴巴所說的對不同種類的文化採取接納和迴避態度的「狡猾的順服」，而且常常以日常生活當中微妙的不滿形式表現出來。這最終發展成為了一種被稱為「撒謊的本地人」的謊言文化，這些本地人通過一種模仿手段(這種模仿手段破壞了原有的文化)來把自己轉入統治階層的文化當中。

如果翻譯涉及佔用行為的權力結構，那麼它也可以通過反抗行為來獲得權力。從某種意義上說，這更接近於翻譯的傳統觀點。在這裏，「譯者即背叛者」這句名言脫離了背叛的真正含義。當本地文化被迫敞開自己接受前來統治自己的文化時，任何翻譯行為都必定會因此而涉及背叛，不可避免的錯譯曾使人們感到惋惜，現在這種錯譯也會變成一種反抗侵入者的積極力量。

侵入者的類型是多種多樣的，其中包括那些選擇從邊緣向中心移動的人。對於那些在大都市或後殖民城市的移民者來說，翻譯是他們考慮的中心問題，他

或她在此過程中更多地扮演着文化翻譯者的積極角色。在對自己的角色進行轉化之後，移民者隨後會遇到其他已被轉換了角色的人和其他不安的邊緣人，並且彼此相互交流經驗，創建自己的新語言用於表達自己的期望和認可，比如活動的路線和可望實現的目標。拿加維的革命路線來説，他從聖安妮灣、牙買加，到哥斯達黎加、巴拿馬、尼加拉瓜、危地馬拉、厄瓜多爾、委内瑞拉、哥倫比亞，再到倫敦，最後於1916年到了紐約市。或者想一下20世紀50年代的法農，他從馬提尼克轉戰到法國再到阿爾及利亞，又轉到突尼斯隨後抵達阿克拉。

通常加勒比海在語言和文化的雙向翻譯中佔有一席之地。它甚至有個自己的詞：克里奧耳化。正如「克里奧耳」這個詞所暗示的那樣，在這裏翻譯涉及統治文化向新身份的置換、延續和轉變，而這種新身份從它們的新文化中汲取了物質營養。結果，交換的雙方都經歷了克里奧耳化，經歷了相互間的翻譯。因此，加勒比海的克里奧耳化變得更接近後殖民主義的基本觀點：應該從文化互動的角度重新認識那種人們習慣認可的單向的翻譯方式，把它作為一個重新集聚能量的空間加以重新認識。那麼這樣的翻譯是怎樣被激活的呢？

法農的力量

你從阿爾及爾開車出來，穿過長長的拱廊、耀眼陽光下的海灘，聞着隱秘的芳香，不一會兒你就來到了布法瑞克。在你面前的高空中，在生產法奇那飲料的法國公司工廠的牆上，可以看見法奇那藍黃顏色的標牌在風中搖曳。這種在1936年由一名法國定居者發明的碳酸飲料，現在已經成了許多人的心頭所愛，因為他們發現自己置身於歐洲或馬格里布地區令人窒息的灼浪包圍之中。

啊！法奇那！

振奮之後，你離開芬芳的橘林繼續前行，趕往有「玫瑰之城」之稱的卜利達。那是一個鮮花和足球的城市，到處都是高聳的、閃亮的、青綠色的寺院圓頂和鋪瓦的四個尖塔，不遠處卜利達奇怪而傲慢的阿特拉斯山脈居高俯視着一片暗松青色。

在離城市幾英里的地方，有從廣闊的米提得加平原上拔地而起的陡峭峽谷，你穿過峽谷就會發現阿勒頗的松樹那隱匿的乾香味，最終你會抵擋不住葡萄園和果園那潮濕而甘甜的芳香。之後你在路上一拐彎，就可以遠遠地看到被大片麥田環繞的高高的石頭牆。那就是巨大的卜利達－若因維爾精神病療養院。療養院那百座左右的建築散落於風景如畫的行人路、花園

和在盛夏提供陰涼的排排綠樹之中。

在一座堅實的用灰泥粉刷過的大房子裏面，一位少婦和她的兒子在午日的靜謐中玩耍。時間是1953年的11月，幾百碼之外，醫院精神病科的新任主管大夫和負責病區的一位護士一起站在病房門口，這個護士守護着六十九個本地病人，他們都穿着緊身衣被鎖在各自的床上。這位新任主管大夫怒視着這悄無聲息的折磨人的場面。他命令護士把他們都放開。護士迷惑不解地看着他。見此情景，盛怒的新任主管大夫更為堅定地又喊了一遍自己的命令。然後身穿緊身衣的病人才一個個地被鬆開，就像是剝橘子皮一樣。

病人們躺在那裏，一動不動。隨後法農向病人解釋說：此後他們再也不會穿緊身衣了，再也不會被鎖鏈鎖住了；醫務人員再也不會在病區裏把本地人和殖民者隔離開了，病人將會以群體的方式一起生活和工作。

在法農的一生中，相比他戲劇性地進入卜利達－若因維爾精神病療養院，也許再也沒有甚麼能更明確地反映他「轉化」的政治觀點了。因為在這一事件中，他把病人從被動的受害的客體，轉換成了開始意識到他們自己可以掌握自己命運的主體。法農從無力變成了有力，從《黑皮膚，白面具》轉到革命性的《全世界受苦的人》。法農最著名的兩本書本身就是關於轉化的，或者更準確地說，是關於再轉化的。在《黑皮膚，白面具》中，他寫道，黑種人早已被轉

圖20　法農。

化，不僅轉換成了法蘭西帝國主義政權下的殖民客體，而且從心理上說，他們的期望已通過一種靈魂轉生的方式被改變為另一種形式。他們的期望已經被轉化成了一種白人所期盼的期望，儘管他們絕不會，當然也不可能變成白人。他們有着黑色的皮膚，戴着白色的面具。

法農的計劃是讓人們了解這一點，以便找出一種方式把人們重新轉化回歸成他們原來的自我。這個計劃以他拒絕把黑人價值觀轉化成白人價值觀為開端。就像心理分析那樣，這涉及因為錯譯而否定轉化的問題。同樣，在《全世界受苦的人》中，法農揭示了本地人的思想是怎樣被殖民主義創造和轉化出來的，是如何被視為「低等的」他者而被刻下了精神分裂的痕跡。他寫道：

> 如果精神病學的醫療目標是使人們不再對所處的環境感到生疏……我自己非常認可的是，阿拉伯人，那些身處於自己的國家但永遠像外人一樣的人，生活在一種完全喪失自我的狀態下……這些發生在阿爾及利亞的事件是對一個民族洗腦失敗的必然結果。

洗腦指的是使人用別人看待自己的方式來看待自己，這樣一來，人就會疏遠自己的文化、語言和土

地。在《全世界受苦的人》中，法農為自己定下的任務是，通過反殖民的暴力革命來贏得自尊。對於殖民地人民來說，暴力是自我轉化的一種形式，一種鬥爭方式(這對於甘地也是同樣的，只是他的鬥爭方式是非暴力的)。作為一名醫生，法農同樣強調通過動態的互動的教育模式——一種對受壓迫的人進行教育的形式來擴大當地人自主轉化的可能性，也就是使已被轉化的人回歸自我，從而成為轉化者而非被轉化者，成為積極主動的作者，成為歷史的主體而非客體。由於法農的積極作用，轉化成了實現願望的行為和活動家寫作的代名詞，這種寫作想要對讀者產生實質性的直接效應——法農自己的作品即屬此類中的典範。

表演者，演員，所有人都從有形的或無形的緊身衣中解脫出來了。在法農到達卜利達-若因維爾精神病療養院不久的一天下午，醫院主任驚慌地打電話報警，驚叫着稱至少有十名病人從醫院逃跑了，同時失蹤的還有新任主管大夫法農。幾小時後，當這個主任看到昂然得勝歸來的法農和醫院足球隊坐着醫院的汽車回來時，他變得有些羞慚不安起來。

三年後，法農辭掉了他的工作，理由是他不可能用精神療法來治癒因殖民體系的持續壓迫而直接造成的精神創傷。法國當局命令他在兩日內離開阿爾及利亞，隨後他加入到了民族解放陣線開展的反抗法國殖民統治的鬥爭中。法農在民族解放陣線中度過了他短

暫的餘生，他一直都在為阿爾及利亞政治和社會轉變的最終目標而不知疲倦地工作着。作為一個忙碌的知識份子，法農通過他的智力勞動、醫療實踐和集體政治活動，用行動告訴人們，政治實現是多麼重要。作為譯者、授權者和解放者，他那分析性的作品和慷慨激昂的事例仍然縈繞和鼓舞着後殖民主義。

參考書目

Where sources have included material from the web, the webpage address has been cited.

Introduction
Walter Benjamin, Theses on the Philosophy of History', *in Illuminations*, tr. H. Zohn (London: Fontana, 1973)

Chapter 1
You find yourself a refugee
Oral communications
Médécins sans frontières, *http://www.doctorswithoutborders.org*
Guardian Unlimited Special Report, The Refugee Trail', *http://www. guardian.co.uk/graphics/0,9749,493873,OO.html*
Sebastião Salgado, *Migrations: Humanity in Transition, http://www. terra, com. hr/sehastiaosalgado/*
UN Refugee Agency, *http://xiDww.unhcr.ch/cgi-hin/teoeis/vtx/home*
The United Nations Relief and Works Agency for Palestine Refugees in the Near East (UNRWA), *http://www.un.org/unrwa/*

Different kinds of knowledge
Aijaz Ahmad, *In Theory: Classes, Nations, Literatures* (London: Verso, 1992)
'Learning Under Shelling', *http://www.poica.org/casestudies/aydal-9~ 01/*
Bloke Modisane, *Blame Me on History* (London: Thames and Hudson, 1963)

The Third World goes tricontinental
Tricontinental Bimonthly
Tricontinental Bulletin

Burning their books
Langston Hughes, *The Big Sea: An Autobiography* (London: Pluto Press, 1986)

Frantz Fanon, *Black Skin, White Masks*, tr. Charles Lam Markmann (London: Pluto, 1986)

Jean Rhys, 'The Day They Burned the Books', in *Tigers Are Better Looking* (London: Andre Deutsch, 1968)

Tsitsi Dangarembega, *Nervous Conditions* (London: The Women's Press, 1988)

Bookburning: *http://www.ala.org/bbooks/bookburning.html*

Burning of Jaffna University Library: Vilani Perid, Worl Socialist Website, 30 May 2001, *http://www.wsws.org/articles/2001/ may200l/sri-m30.shtml*

Attack on Oriental Institute (Orijentalni institut) in Sarajevo, *http://www.kakarigi.net/manu/ingather.htm*

Chapter 2

African and Caribbean revolutionaries in Harlem, 1924

Official UNIA-ACL website, *http://www.unia-acl.org*

Robert A. Hill et al. (eds.), *The Marcus Garvey and Universal Negro Improvement Association Papers*, 10 vols (Berkeley: University of California Press, 1983–)

Salman Rushdie, *Imaginary Homelands: Essays and Criticism 1981–1991* (London: Granta, 1991)

'Paul Robeson was tracked by MI5. Empire Inquiry linked black US star with anti-colonial politicians', *Guardian*, 7 March 2003

Fidel Castro, A Speech in Harlem, 8 September 2000, *http://www.earth22.com/castro.html*

'Castro revisits Harlem', *www.Africana.com*

Bombing Iraq–since 1920

Oral communications

Geoff Simons, *Iraq: From Sumer to Saddam* (London: St Martins Press, 1994)

Peter Mansfield, *A History of the Middle East* (London: Penguin, 1992)

Philip Guedalla, *Middle East 1940–1942. A Study in Air Power* (London: Hodder and Stoughton, 1944)

John Pilger, 'The Secret War on Iraq', *Daily Mirror*, 3 January 2003

Charles Tripp, *A History of Iraq*, 2nd edn. (Cambridge: Cambridge University Press, 2000)

Chapter 3

Landlessness

Movimento sem terra (MST) website, *http://www.mstbrazil.org/*

The Landless Voices web archive, *http://www.landless-voices.org/*

'Brazil: President-Elect Lula Elucidates Goals', 31 October 2002, *http://www.worldpress.org/article_model.cJm9article_id = 886*

Julio Garcia Luis (ed.), *Cuban Revolution Reader. A Documentary History of 40 Key Moments of the Cuban Revolution* (Melbourne: Ocean Press, 2001)

Jane M. Jacobs, 'Resisting Reconciliation: The Secret Geographies of (Post) colonial Australia', in *Geographies of Resistance*, ed. Steve Pile and Michael Keith (London: Routledge, 1997), pp. 201–18.

Nomads

Eric Cheyfitz, *The Poetics of Imperialism: Translation and Colonization from The Tempest to Tarzan* (New York: Oxford University Press, 1991)

Gilles Deleuze and Felix Guattari, *A Thousand Plateaus: Capitalism and Schizophrenia*, Vol. II, tr. Brian Massumi (London: Athlone, 1988)

Ranajit Guha, *Dominance without Hegemony: History and Power in Colonial India* (Cambridge, Mass.: Harvard University Press, 1997)

Nauru: 'Paradise lost awaits asylum seekers', *Guardian*, 11 September 2001

'Afghani refugees stage desperate hunger strike in Australia, World Socialist website, *www.wsws.org*

'Woomera detention centre: "an atmosphere of despair"', *Green Left Weekly* (Australia), 13 February 2002, *http://www.greenleft.org.au/back/2002/480/480pl0.htm*

Humans, caught in a cave

Plato, *Republic* (various editions), *http://plato.evansville.edu/texts/jowett/republic29-htm*

Tzvetan Todorov, *On Human Diversity: Nationalism, Racism, and Exoticism in French Thought* (Cambridge, Mass.: Harvard University Press, 1993)

BBC News 2 March 2002, 'Afghan caves hit with pressure bombs', *http://news.bbc.co.Uk/l/hi/world/south_asia/1850219-Stm*

Frantz Fanon, *The Wretched of the Earth* [1961], trans. Constance Farrington (London: MacGibbon & Kee, 1965)

Augusto Boal, *Theater of the Oppressed*, trans. Charles A. & Maria-Odilia Leal McBride (London: Pluto Press, 1979)

Michael Ondaatje, *The English Patient* (London: Bloomsbury, 1992)

Unsettled states: nations and their borders
Benedict Anderson, *Imaginary Communities: Reflections on the Origin and Spread of Nationalism* (London: Verso, 1983)
Benedict Anderson, *The Spectre of Comparisons: Nationalism, Southeast Asia, and the World* (London: Verso, 1998)
Film:
Bowling for Columbine, dir. Michael Moore (2002)
The Foreign Exchange of Hate. IDRF and the American Funding of Hindutva (Mumbai: Sabrang Communications and Publishing, 2002)
Development Alternatives with Women for a New Era (DAWN), http://www.dawn.org.fi/
The wall
http://www.thevirtualwall.org
Roy Moxham, *The Great Hedge of India* (London: Constable, 2001)
'Nowhere to Tbrn: State Abuses of Unaccompanied Migrant Children by Spain and Morocco', Human Rights Watch, 2000, http://www.hrw.org/reports/2002/spain-morocco
Neal Ascherson, 'Any port in a storm for determined migrants', *Guardian*, 18 May 2000
'Europe's front line', BBC Crossing Continents, 21 October 1999, http://news.bbc.co.Uk/l/hi/programmes/erossing_continents/ europe/471682.stm
'African Migrants Risk All on Passage to Spain', *New York Times*, 10 July 2001
Film:
Touch of Evil, dir. Orson Welles (1958)

Chapter 4

Raï and Islamic social space
Marc Schade-Poulsen, *Men and Popular Music in Algeria* (Austin: University of Texas Press, 1999)
Banning Eyre, 'Interview with Cheikha Remitti', *Afropop Worldwide*, http://www.afropop.org
S. Broughton et al. (eds.), *World Music: The Rough Guide* (London: Penguin, 1994)
B. Doudi and H. Miliani, *L'aventure du rai* (Paris: Seuil, 1996)

Luis Martinez, *The Algerian Civil War 1990–1998* (London: Hurst, 2000)

The ambivalence of the veil

Edward W. Said, *Orientalism: Western Representations of the Orient* (Harmondsworth: Penguin, 1985)

Charles Taylor, *Multiculturalism and The Politics of Recognition'* (Princeton: Princeton University Press, 1994)

Sahar Sobhi Abdel-Hakim, '(Inter)ruptive Communication: Elizabeth Cooper's Photo-writing of Egyptian Women', *Cairo Studies in English: Essays in Honour of Fatma Moussa* (2001), 355–89.

Sarah Graham-Brown, *Images of Women: The Portrayal of Women in Photography of the Middle East, 1860–1950* (London: Quartet, 1988)

Frantz Fanon, 'Algeria Unveiled', in *A Dying Colonialism*, tr. Haakon Chevalier (London: Writers and Readers Cooperative, 1980), pp. 13–45.

Film:

Battle of Algiers, dir. Gillo Pontecorvo (1965)

David C. Gordon, *Women of Algeria. An Essay on Change* (Cambridge, Mass.: Harvard University Press, 1968)

Fadwa El Guindi, *Veil: Modesty, Privacy and Resistance* (Oxford: Berg, 1999)

Chapter 5

Gendering politics in India

M. K. Gandhi, *Satyagraha in South Africa*, tr. Valji Govindji Desai, revised edn. (Ahmedabad: Navajivan Publishing House, 1950)

M. K. Gandhi, *Hind Swaraj, and Other Writings*, ed. Anthony J. Parel (Cambridge: Cambridge University Press, 1997)

Kumari Jayawardena, *Feminism and Nationalism in the Third World* (London: Zed Books, 1986)

Aijun Appadurai, 'Disjuncture and Difference in the Global Cultural Economy', *Public Culture* (1990) 2, 2

Trinh T. Minh-ha, *Woman, Native, Other. Writing Postcoloniality and Feminism* (Bloomington, Indiana University Press, 1989)

Hind Wassef and Nadia Wassef (eds.), *Daughters of the Nile. Photographs of Egyptian Women's Movements, 1900–1960* (Cairo: The American University in Cairo Press, 2001)

You-me Park and Rajeswari Sunder Rajan, 'Postcolonial Feminism/ Postcolonialism and Feminism', in *A Companion to Postcolonial Studies*, ed. Sangeeta Ray and Henry Schwarz (Oxford: Blackwell, 2000), pp. 53–71.

Feminism and ecology

Arundhati Roy, *The Algebra of Infinite Justice* (London: Flamingo, 2002)

Catherine Caufield, *Masters of Illusion: The World Bank and the Poverty of Nations* (London: Macmillan, 1997)

Nivedita Menon (ed.), *Gender and Politics in India* (New Delhi: Oxford University Press, 1999)

Vandana Shiva, *Staying Alive: Women, Ecology and Survival in India* (New Delhi: Kali for Women, 1988)

http://www.narmada.org

Beto Borges and Victor Menotti, "WTO and the Destruction of the Brazilian Amazon', Information Service Latin America, *http://isla.igc.org/Features/Brazil/braz3.html*

The Greenbelt movement: *http://www.womenaid.org/press/info/development/greenbeltproject.html*

Kelly Scheufler, *The Greenbelt Movement', http://www.suitel01.com/article.cfm/history_of_peace_movements/50662*

What makes postcolonial feminism 'postcolonial'?

Le soutien a Radia Nasraoui

http://www.acat.asso.fr/courrier/docs/tunisie_cour228.htm

Hamma Hammami - Chronology of Repression

http://rnembers.chello.at/johannschoen/Hamma.Hammami/chronology.html

Tunisia: Release Hamma Hammami and Imprisoned Colleagues

http://www.hrw.org/press/2002/07/tunis071202.htm

Simone de Beauvoir and Gisèle Halimi, *Djamila Boupacha: The Story of the Torture of a Young Algerian Girl which Shocked Liberal French Opinion*, tr. Peter Green (London: Andre Deutsch, Weidenfeld, and Nicolson, 1962)

Gisèle Halimi, *Le lait de l'oranger* (Paris: Gallimard, 1988)

Gisèle Halimi, *La cause desfemmes* (Paris: Gallimard, 1992)

Gisèle Halimi, *Avocate irrespectueuse* (Paris: Plon, 2002)

www.dalits.org

Phoolan Devi, *I, Phoolan Devi. The Autobiography of India's Bandit Queen* (London: Little, Brown & Co, 1996)

Human Rights Watch, *Caste Discrimination: A Global Concern* (2001)
http://www.hrw.org/reports/200l/globalcaste/
Robert Deliege, *The Untouchables of India* (Oxford: Berg, 1999)

Chapter 6

Che reads The Wretched of the Earth

William Galvez, *Che in Africa. Che Guevara's Congo Diary*, tr. Mary Todd. (Melbourne: Ocean Press, 1999)

Paco Ignacio Taibo II, *Guevara, also Known as Che*, tr. Martin Roberts (New York: St Martins, Griffin, 1997)

John Anderson, *Che Guevara. A Revolutionary Life* (New York: Bantam Books, 1997)

Ernesto Che Guevara, *Che Guevara Reader: Writings on Guerrilla Strategy, Politics and Revolution*, ed. David Deutschmann (Melbourne: Ocean Press, 1997)

David Macey, *Frantz Fanon.ALife* (London: Granta, 2000)

Presence Africaine 40, 1962

Frantz Fanon, *Toward the African Revolution*, tr. Haakon Chevalier (New York: Monthly Review Press, 1967)

Globalization and starvation

Marshall McLuhan and Quentin Fiore, *War and Peace in the Global Village* (New York: Bantam Books, 1968)

www.mcdonalds.com

Robert J. C. Young, "'Dangerous and Wrong": Shell, Intervention, and the Politics of Transnational Companies', *Interventions: International Journal of Postcolonial Studies 1: 3* (1999), 439–64

World Bank Reports and Data, *http://www.worldbank.org/*

'Nestle claims £ 3–7m from famine-hit Ethiopia', *Guardian*, 19 December 2002

Oxfam International, *Mugged. Poverty in your Coffee Cup* (Oxford. Oxfam Publications, 2002)

http://www.oxfamamerica.org/campaigncoffee/art3395.html

Amartya Sen, *Poverty and Famines: An Essay on Entitlement and Deprivation* (Oxford: Clarendon Press, 1981)

Project Underground, *http://www.moles.org/index.html*

Anti-capitalist movements, *http://www.infoshop.org/octo/*

'Unilever Funding', *Financial Times*, 16 October 2001

Fatima Vianna Mello, 'Making the World Bank More Accountable: Activism in South in NACLA Report on the Americas (May/June 1996)

http://www.hartford-hwp.com/archives/42/047.html

Fairtrade: *www.fairtrade.org.uk*

Chapter 7

Translation between cultures

Robin Blaser, *Image-Nations 1–2 and The Stadium of the Mirror* (London: Ferry Press, 1974)

Frantz Fanon, *The Wretched of the Earth*, tr. Constance Farrington (London: MacGibbon & Kee, 1965)

Brian Friel, *Translations* (London: Faber, 1981)

Vincent L. Rafael, *Contracting Colonialism: Translation and Christian Conversion in Tagalog Society under early Spanish Rule* (Ithaca: Cornell University Press, 1988)

Paul Carter, *The Road to Botany Bay: An Essay in Spatial History* (London: Faber, 1987)

Édouard Glissant, *Poetics of Relation*, tr. Betsy Wing (Ann Arbor: University of Michigan Press, 1997)

Empowering Fanon

Peter Geismar, *Fanon* (New York: Dial Press, 1971)

Frantz Fanon, *Toward the African Revolution*, tr. Haakon Chevalier (New York: Monthly Review Press, 1967)

Frantz Fanon, *Black Skin, White Masks*, tr. Charles Lam Markmann (London: Pluto, 1986)

Frantz Fanon, *The Wretched of the Earth*, tr. Constancc Farrington (London: MacGibbon & Kee, 1965)

推薦閱讀書目

Much information on global social movements is available on the web, but sites change too fast to be worth reproducing at length here. The best way to follow up contemporary developments for any particular issue or campaign discussed in the text is to use a search engine such as Google (*http://www.google.com*).

Introduction

Alejo Carpentier, *Music in Cuba*, ed. Timothy Brennan, tr. Alan West-Durán (Minneapolis: University of Minnesota Press, 2001)

Stephen Foehr, *Waking up in Cuba* (London: Sanctuary Publishing, 2001)

Leela Gandhi, *Postcolonial Theory: A Critical Introduction* (Edinburgh: Edinburgh University Press, 1998)

Augustín Laó-Montes and Arlene Davila, *Mambo Montage. The Latinization of New York* (New York: Columbia University Press, 2001)

Achille Mbembe, *On the Postcolony* (Berkeley: University of California Press, 2001)

Octavio Paz, *The Labyrinth of Solitude*, tr. Lysander Kemp et al. (New York: Grove Press, 1985)

Robert J. C. Young, *Postcolonialism: An Historical Introduction* (Oxford: Blackwell, 2001)

Film:

Buena Vista Social Club, dir. Wim Wenders (1997)

http://www.pbs.org/buenavista/

Chapter 1

You find yourself a refugee

Avtar Brah, *Cartographies of Diaspora: Contesting Identities* (London: Routledge, 1996)

Iain Chambers, *Migrancy, Culture, Identity* (London: Routledge, 1993)
Arthur C. Helton, *The Price of Indifference: Refugees and Humanitarian Action in the New Century* (Oxford: Oxford University Press, 2002)

Office of the United Nations High Commissioner for Refugees (UNHCR), *The State of the World's Refugees, 2000: Fifty Years of*

Humanitarian Action (Oxford: Oxford University Press, 2000)

Mike Parnwell, *Population Movements and the Third World* (London: Routledge, 1993)

Fiction:

Bapsi Sidhwa, Ice-Candy-Man (London: Heinemann, 1988)

Gabriel García Márquez, Strange Pilgrims, tr. Edith Grossman (London: Cape, 1993)

Film:

Dirty Pretty Things, dir. Stephen Frears (2002)

In This World, dir. Michael Winterbottom (2002)

Different kinds of knowledge

Roland Barthes, *Mythologies* (London: Cape, 1972)

Dipesh Chakrabarty, *Provincializing Europe. Postcolonial Thought and Historical Difference* (Princeton: Princeton University Press, 2000)

Bernard Cohn, *Colonialism and its Forms of Knowledge: The British in India* (Princeton: Princeton University Press, 1996)

Dharampal, *The Beautiful Tree* (Delhi: Biblia Impex, 1983)

Vinay Lai, *Empire of Knowledge. Culture and Plurality in the Global Economy* (London: Pluto Press, 2002)

Jean Langford, *Fluent Bodies: Ayurvedic Remedies for Postcolonial Imbalance* (Durham: Duke University Press, 2002)

Ashis Nandy, *Time Warps: Studies in the Politics of Silent or Evasive Pasts* (London: Hurst, 2001)

Edward W. Said, *Covering Islam: How the Media and the Experts Determine How We See the Rest of the World* (New York: Vintage Books, 1997)

Gayatri Chakravorty Spivak, *A Critique of Postcolonial Reason. Toward a History of the Vanishing Present* (Cambridge, Mass.: Harvard University Press, 1999)

Shiv Visvanathan, *A Carnival for Science: Essays on Science, Technology and Development* (Delhi: Oxford University Press, 1997)

Gauri Viswanathan, *Masks of Conquest: Literary Study and British Rule in India* (London: Faber, 1990)

Fiction:

Italo Calvino, *Invisible Cities,* tr. William Weaver (London: Seeker and Warburg, 1974)

Gabriel García Márquez, *One Hundred Years of Solitude,* tr. Gregory Rabassa (London: Cape, 1970)

Richard Rive, *Buckingham. Palace, District Six* (London: Heinemann, 1986)

Salman Rushdie, *East, West* (London: Cape, 1994)

The Third World goes tricontinental

Amilcar Cabral, *Return to the Source. Selected Speeches by Amilcar Cabral* (New York: Monthly Review Press with Africa Information Service, 1973)

Paul Cammack, David Pool, and William Tordoff, *Third World Politics: A Comparative Introduction*, 2nd edn. (Basingstoke: Macmillan, 1993)

Arif Dirlik, *The Postcolonial Aura. Third World Criticism in the Age of Global Capitalism* (Boulder, Co.: The Westview Press, 1997)

Alan Thomas et al. (eds.), *Third World Atlas*, 2nd edn. (Milton Keynes: Open University Press, 1994)

Immanuel Wallerstein, *The Modern World System*, 3 vols (New York: Academic Press, 1974-89)

Richard Wright, *The Color Curtain: A Report on the Bandung Conference*, with a foreword by Gunnar Myrdal, introduction by Amritjit Singh (Jackson: University of Mississippi Press, 1995)

Burning their books

S. Akhtar, *Be Careful with Mohammed! The Salman Rushdie Affair* (London: Bellow, 1989)

Albert Memmi, *The Coloniser and the Colonised*, with an introduction by Jean-Paul Sartre (Boston: Beacon Press, 1967)

Fiction:

Jamaica Kineaid. *A Small Place* (New York: Farrar, Straus and Giroux, 1988)

Poetry:

Aime Cesaire, *Notebook of a Return to My Native Land*, tr. Mireille Rosello with Anne Pritchard (Newcastle upon Tyne: Bloodaxe Books, 1995)

Chapter 2

African and Caribbean revolutionaries in Harlem, 1924

Elleke Boehmer, *Empire, the National, and the Postcolonial, 1890–1920: Resistance in Interaction* (Oxford: Oxford University Press, 2002)

Michel Fabre, *From Harlem to Paris: Black American Writers in France, 1840–1980* (Urbana: University of Illinois Press, 1991)

Paul Gilroy, *The Black Atlantic: Modernity and Double Consciousness* (London: Verso, 1993)

Ulf Hannerz, *Transnational Connections: Culture, People, Places* (London: Routledge, 1996)

C. L. Innes, *A History of Black and Asian Writing in Britain*, 1700–2000 (Cambridge: Cambridge University Press, 2002)

C. L. R. James, *The C. L. R. James Reader*, ed. Anne Grimshaw (Oxford: Blackwell, 1992)

Winston James, *Holding Aloft the Banner of Ethiopia. Caribbean Radicalism in Early Twentieth-Century America* (London: Verso, 1998)

Rupert Lewis, *Marcus Garvey: Anti-colonial Champion* (Trenton, N.J.: Africa World Press, 1988)

Autobiography and fiction:

W. E. B. du Bois, *Dark Princess, a Romance* (Millwood, N.Y.: Kraus-Thomson, 1974)

James Weldon Johnson, *The Autobiography of an Ex-colored Man* (London: Penguin, 1990)

George Lamming, *In the Castle of My Skin* (London: Michael Joseph, 1953)

Nella Larsen, *Passing* (New York: Knopf, 1929)

Audre Lorde, *Zami: A New Spelling of My Name* (London: Sheba, 1984)

Claude McKay, *Back to Harlem* (New York: The X Press, 2000)

Bombing Iraq - since 1920

Ranajit Guha and Gayatri Chakravorty Spivak (eds.), *Selected Subaltern Studies* (New York: Oxford University Press, 1988)

Joseph A. Massad, *Colonial Effects. The Making of National Identity in Jordan* (New York: Columbia University Press, 2001)

Scott Ritter and William Rivers Pitt, *War on Iraq* (London: Profile Books, 2002)

Fiction:

J. M. Coetzee, *Waiting for the Barbarians* (London: Seeker and Warburg, 1980)

Chapter 3

Landlessness

Sue Branford and Jan Rocha, *Cutting the Wire: The Story of the Landless Movement in Brazil* (London: Latin American Bureau, 2002)

Richard Gott, *Rural Guerrillas in Latin America* (Harmondsworth: Penguin, 1973)

Sol T. Plaatje, *Native Life in South Africa, Before and Since the European War and the Boer Rebellion*, ed. Brian Willan (Harlow: Longman, 1987)

Stree Shakti Sanghatana, *'We Were Making History': Women and the Telengana Uprising* (London: Zed Books, 1989)

Mao Tse-Tung, 'Report on an Investigation of the Peasant Movement in Hunan (1927)', in *Selected Works of Mao Tse-Tung*, vol. 1 (Peking: Foreign Languages Press, 1965), pp. 23–59.

Eric Wolf, *Peasant Wars of the Twentieth Century* (London: Faber and Faber, 1971)

Photography:

Sebastiao Salgado, *Terra: Struggle of the Landless* (London: Phaidon, 1997)

Film:

Morte e vida severina, dir. Zelito Viana, written by Joao Cabral de Melo Neto (1977)

Nomads

Mahasveta Devi, *Dust on the Road: The Activist Writings of Mahasweta Devi*, ed. Maitreya Ghatak (Calcutta: Seagull Books, 1997)

Survival International, *Disinherited: Indians in Brazil* (London: Survival International, 2000)

Fiction:

Alejo Carpentier, *The Lost Steps*, tr. Harriet de Onis (Harmondsworth: Penguin, 1968)

Humans, caught in a cave

Anne McClintock, *Imperial Leather: Race, Gender and Sexuality in the Colonial Contest* (New York: Routledge, 1995)

Fiction:

Ngugi wa Thiong'o, *Weep Not Child* (London: Heinemann, 1964)

Unsettled states: nations and their borders

Joe Cleary, *Literature, Partition and the Nation-state: Culture and Conflict in Ireland, Israel and Palestine* (Cambridge: Cambridge University Press, 2002)

Philip Gourevitch, *We Wish to Inform You that Tomorrow We Will Be*

Killed With Our Families: Stories From Rwanda (New York: Farrar, Straus, and Giroux, 1998)

Ghada Karmi, *In Search ofFatima: A Palestinian Memoir* (London: Verso, 2002)

Ian Lustick, *Unsettled States, Disputed Lands: Britain and Ireland, France and Algeria, Israel and the West Bank-Gaza* (Ithaca: Cornell University Press, 1993)

Mahmood Mamdani, *Citizen and Subject: Contemporary Africa and the Legacy of Late Colonialism* (London: James Currey, 1996)

Joe Sacco, *Palestine*, with an introduction by Edward W. Said (London: Cape, 2003)

Edward W. Said, *After the Last Sky*, with photographs by Jean Mohr (London: Faber and Faber, 1986)

Fiction:

Naruddin Farah, *Maps* (London: Pan Books, 1986)

Amitav Ghosh, *The Shadow Lines* (London: Bloomsbury, 1988)

Michael Ondaatje, *Anil's Ghost* (London: Bloomsbury, 2000)

Salman Rushdie, *Midnight's Children* (London: Cape, 1981)

The wall

Néstor Garcia Canclini, *Hybrid Cultures. Strategies for Entering and Leaving Modernity*, tr. Christopher L. Chiappari and Silvia L. Lopez (Minneapolis: University of Minnesota Press, 1995)

Jeremy Harding, *The Uninvited: Refugees at the Rich Man's Gate* (London: Profile, 2000)

Fiction:

Doris Pilkington, *Rabbit Proof Fence* (London: Miramax, 2002)

Chapter 4

Raï and Islamic social space

Homi K. Bhabha, *The Location of Culture* (London: Routledge, 1994)

Françoise Vergès, *Monsters and Revolutionaries. Colonial Family Romance andMetissage* (Durham: Duke University Press, 1999)

Autobiography andfiction:

Assia Djebar, *Algerian White*, tr. David Kelley (New York: Seven Stories Press, 2001)

Assia Djebar, *So Vast the Prison*, tr. Betsy Wing (New York: Seven Stories Press, 1999)

The ambivalence of the veil

Malek Alloula, *The Colonial Harem*, tr. Myrna and Wlad Godzich (Manchester: Manchester University Press, 1987)

Marcos, *Shadows of Tender Fury: The Letters and Communiques of Subcomandante Marcos and the Zapatista Army of National Liberation* (New York: Monthly Review Press, 1995)

Timothy Mitchell, *Colonising Egypt* (Cairo: The American University in Cairo Press, 1988)

Gayatri Chakravorty Spivak, 'Can the Subaltern Speak? Speculations on Widow Sacrifice', *Wedge* (1985) 7/8: 120–30; revised version in A Critique of Postcolonial Reason, 266–311

Fiction:

Naguib Mahfouz, *Palace Walk* (Cairo Trilogy 1), tr. William M. Hutchins and Olive E. Kenny (New York: Doubleday, 1990)

Naguib Mahfouz, *Palace of Desire* (Cairo Trilogy 2), tr. William M. Hutchins et al. (New York: Doubleday, 1991)

Naguib Mahfouz, *Sugar Street* (Cairo Trilogy 3), tr. William M. Hutchins and Angele Botros Samaan (New York: Doubleday, 1993)

Chapter 5

Gendering politics in India

Lila Abu-Lughod, *Remaking Women. Feminism and Identity in the Middle East* (Princeton: Princeton University Press, 1998)

Tani E. Barlow, *Formations of Colonial Modernity in East Asia* (Durham: Duke University Press, 1997)

Miranda Davies (ed.), *Third World, Second Sex: Women's Struggles and National Liberation* (London: Zed Books, 1983)

Denise Kandiyoti (ed.), *Women, Islam and the State* (Basingstoke: Macmillan, 1991)

Ashis Nandy, *Intimate Enemy: Loss and Recovery of Self Under Colonialism* (Delhi: Oxford University Press, 1983)

Gail Omvedt, *Reinventing Revolution: New Social Movements and the Socialist Tradition in India* (Armonk, N.Y.: M.E. Sharpe, 1993)

Sita Ranchod-Nilsson and Mary Ann Tetreault (eds.), *Women, States, and Nationalism: At Home in the Nation?* (London: Routledge, 2000)

Sangeeta Ray, *En-gendering India: Woman and Nation in Colonial and Postcolonial Narratives* (Durham: Duke University Press, 2000)

Autobiography:

Sara Suleri, *Meatless Days* (London: Collins, 1990)
Film:
Kandahar, dir. Mohsen Makhmalbaf (2001)

Feminism and ecology

Rajni Bakshi, *Bapu Kuti: Journeys in Rediscovery of Gandhi* (New Delhi: Penguin Books India, 1998)

Mary Mellor, *Feminism and Ecology* (Cambridge: Polity Press, 1997)

Rosemary Radford Ruether (ed.), *Women Healing Earth: Third World Women on Ecology, Feminism, and Religion* (London: Orbis Books, 1996)

Haripriya Rangan, *Of Myths and Movements: Rewriting Chipko into Himalayan History* (London: Verso, 2000)

Vandana Shiva, in association with J. Bandyopadhyay et al., *Ecology and the Politics of Survival: Conflicts over Natural Resources in India* (New Delhi: Sage, 1991)

Thomas Weber, *Hugging the Trees: The Story of the Chipko Movement* (New Delhi: Viking, 1988)

Fiction:

Suniti Namjoshi, *The Blue Donkey Fables* (London: Women s Press, 1988)

What makes postcolonial feminism 'postcolonial'?

Leila Ahmed, *Women and Gender in Islam: Historical Roots of a Modern Debate* (New Haven: Yale University Press, 1992)

Robin Cohen and Shirin M. Rai, *Global Social Movements* (London: The Athlone Press, 2000)

Mrinalini Sinha, Donna Guy, and Angela Woollacott, *Feminisms and Internationalisms* (Oxford: Blackwell, 1999)

Gail Omvedt, *Dalit Visions: The Anti-caste Movement and the Construction of an Indian Identity* (Hyderabad: Orient Longman, 1995)

Chandra Talpade Mohanty, Ann Russo, and Lourdes Torres (eds.), *Third World Women and the Politics of Feminism* (Bloomington: Indiana University Press, 1991)

Rajeswari Sunder Rajan, *Real and Imagined Women. Gender, Culture, Postcolonialism* (London: Routledge, 1993)

Sheila Rowbotham and Swasti Mitter (eds.), *Dignity and Daily Bread: Niw Forms of Economic Organising among Poor Women in the Third World and the First* (London: Routledge, 1994)

Gayatri Chakravorty Spivak, *In Other Worlds: Essays in Cultural Politics* (New York: Methuen, 1987)

Gayatri Chakravorty Spivak, *The Post-Colonial Critic: Essays, Strategies, Dialogues*, ed. Sarah Harasym (New York: Routledge, 1990)

Autobiography and fiction:

Assia Djebar, *Women of Algiers in their Apartment*, tr. Marjolijn de Jager (Charlottesville: University of Virginia Press, 1993)

Rigoberta Menchu, *I, Rigoberta Menchu: An Indian Woman in Guatemala*, ed. Elisabeth Burgos-Debray, tr. Ann Wright (London: Verso, 1984)

Vasant Moon, *Growing up Untouchable in India: A Dalit Autobiography*, tr. Gail Omvedt (Oxford: Rowman and Littlefield, 2001)

Nawal el Sa'adawi, *Memoirs from the Women's Prison* (London: The Women's Press, 1986)

Film:

Bandit Queen, dir. Shekhar Kapoor (1994)

Chapter 6

Che reads The Wretched of the Earth

Ernesto Che Guevara, *The Motorcycle Diaries: A Journey Around South America*, tr. Ann Wright (London: Verso, 1995)

Ernesto Che Guevara, *Bolivian Diary*, introduction by Fidel Castro, tr. Carlos P. Hansen and Andrew Sinclair (London: Cape, 1968)

John Pilger, *The New Rulers of the World* (London: Verso, 2002)

Fiction:

Ama Ata Aidoo, *Our Sister Killjoy: Or Reflections from a Black-eyed Squint* (Harlow: Longman, 1977)

Globalization and starvation

Stanley Aronowitz and Heather Gautney, *Implicating Empire.*

Globalization and Resistance in the 21st Century (New York: Basic Books, 2003)

Michael Hardt and Antonio Negri, *Empire* (Cambridge, Mass.: Harvard University Press, 2000)

Anthony D. King (ed.), Culture, *Globalization and the World System: Contemporary Conditions for the Representation of Identity* (Basingstoke: Macmillan, 1991)

Naomi Klein, *Fences and Windows: Dispatches from the Frontlines of the Globalization Debate* (London: Flamingo, 2002)

John Madeley, *Big Business, Poor Peoples. The Impact of Transnational Corporations on the World's Poor* (London: Zed Books, 1999)

P. Sainath, *Everybody Loves a Good Drought: Stories from India's Poorest Districts* (London: Review, 1998)

Ken Saro-Wiwa, *Genocide in Nigeria. The Ogoni Tragedy* (London, Lagos, and Port Harcourt: Saros International Publishers, 1992)

Kavaljit Singh, *The Globalisation of Finance: A Citizen's Guide* (London: Zed Books, 1999)

Autobiography and fiction:

Pico Iyer, *Video Night in Kathmandu: And Other Reports from the Not-so-far East* (London: Bloomsbury, 1988)

Salman Rushdie, *Fury: A Novel* (London: Cape, 2001)

Ken Saro-Wiwa, *A Month and a Day. A Detention Diary* (London: Penguin Books, 1995)

Film:

Pather Panchali, dir. Satyajit Ray (1955)

Chapter 7

Translation—between cultures

Susan Bassnett and Harish Trivedi, *Post-Colonial Translation: Theory and Practice* (London: Routledge, 1999)

Homi Bhabha, *The Location of Culture* (London: Routledge, 1994)

Timothy Brennan, *Salman Rushdie and the Third World: Myths of the Nation* (London: Macmillan, 1989)

Fernando Ortiz, *Cuban Counterpoint: Tobacco and Sugar,* tr. Harriet de Onís (Durham, N.C.: Duke University Press, 1995)

Fiction:

Leila Aboulela, *The Translator* (London: Polygon, 1999)

Jhumpa Lahiri, *Interpreter of Maladies: Stories* (London: Flamingo, 1999)

Empowering Fanon

Paulo Freire, *Pedagogy of the Oppressed,* tr. Myra Bergman Ramos (Harmondsworth: Penguin, 1972)

Fiction:

Keri Hulme, *The Bone People* (London: Spiral, 1985)

Tayeb Salih, *Season of Migration to the North,* tr. Denys Johnson-Davies (Oxford: Heinemann, 1969)